CATALOGUE DES LIVRES

DE LA BIBLIOTHÈQUE DE FEU M. NARDOT.

Livres qui se trouvent chez de Bure, *frères, rue Serpente, n° 7.*

Contes turcs, en langue turque, extraits du roman intitulé : les Quarante Visirs, par M. Belletête. *Paris, de l'impr. impér.* 1812, in-4. de 260 pag. br. . . . . 8 f.

— Le même, Papier Vélin. . . . . 15 f.

Description de l'Egypte, in-fol. première livraison. . . . 750 f.

Vues en Egypte, par L. Mayer, avec des explications. *Londres*, 1802, *grand in-fol.* avec 48 planches peintes, br. . . . 350 f.

Hist. et Mém. de l'Académie des Inscriptions. *In-4.* tom. 47 à 50, en feuilles. . . . . 80 f.

Grammaire arabe, par M. de Sacy. 1810, 2 vol. *gr. in-8.* fig. br. . . . . 24 f.

Chrestomathie arabe, par le même. 3 vol. *in-8.* br. . . . . 36 f.

Description des Médailles grecques, par M. Mionnet. 5 vol. *in-8.* fig. br. . . . . 90 f.

Le tome 6 et dernier de cette partie paroîtra bientôt.

Voyage de la Grèce, par M. de Choiseul. *In-fol.* tom. 2, première partie, br. . . . . 60 f.

Raccolta delle piu insigni Fabbriche di Roma Antica. *Roma*, 1810, n°s 1 et 2, *in-fol.* atlant. br. . . . . 42 f.

Ouvrage d'une magnifique exécution. Le n° 1 représente *il tempio di Antonino;* et le n° 2, *tempio della Sibilla in Tivoli.*

La Comedia di Dante. *Roma*, 1810, 3 vol. *in-18.* br. jolie édit. . . . . 5 f. 50 c.

Prospetto delle operazioni fatte in Roma per lo stabilimento del nuovo sistemo metrico, nelli stati Romani. *Roma*, 1811, *gr. in-8.* fig. br. . . . . 10 f.

Ignat. Rossii Etymologiæ ægyptiacæ. *Romæ*, 1808, *gr. in-4.* br. . . . . 24 f.

Tractatus de Elementorum græcorum pronuntiatione, gr. et lat. auct. A. Georgiade. *Parisiis*, 1812, *in-8.* br. . . . . . 7 f.

Aristotelis Quæstiones mechanicæ, gr. et lat. ed. Van Cappelle. *Amst.* 1812, *in-8.* fig. br. . . . . 11 f.

Platonis Phædon, gr. edente Wyttenbachio. *Lugd. Bat.* 1810, *in-8.* br. . . . . 12 f.

Galeni adhortatio ad Artes, gr. et lat. edente Willet. *Lugd. Bat.* 1812, *in-8.* br. . . . . 4 f.

Wyttenbachii Selecta principum historicorum, gr. *Amst.* 1808, *in-8.* br. . . . . 14 f.

Homeri Hymnus in Cererem, edente Ruhnkenio. *Lugd. Bat.* 1808, *in-8.* br. . . . . 17 f.

Gregorius Corinthius, de Dialectis ling. græcæ, edente Schaefer. *Lipsiæ*, 1811, *in-8.* br. . . . . 24 f.

Longinus, de Sublimitate, gr. et lat. ed. Weiske. *Lipsiæ*, 1809, *in-8.* br. . . . . 22 f.

Il existe de ces derniers ouvrages, des exemplaires sur Grand Papier.

CATALOGUE
DES LIVRES

DE LA BIBLIOTHEQUE

DE FEU M. NARDOT,

ANCIEN ADMINISTRATEUR DES DOMAINES,

Dont la vente se fera le mercredi 16 décembre 1812, et jours suivans, à cinq heures de relevée, en sa maison, rue de Ménars, n° 4.

Se distribue A PARIS

Chez MM. { DE BURE, frères, Libraires de la Bibliothèque impériale, rue Serpente, n° 7;
SERREAU, Commissaire-Priseur, quai d'Alençon, isle Saint-Louis, n° 11.

DE L'IMPRIMERIE DE CRAPELET.

1812.

Laloy

payant.

Brunard.

CATALOGUE DES LIVRES

DE FEU M. NARDOT.

THÉOLOGIE.

Textes et Versions de l'Ecriture Sainte, Figures de la Bible, etc.

1. BIBLIA SACRA. *Lugduni*, 1710, *in*-8. *v. b.*
2. Bibliorum sacrorum vulgatæ versionis editio, Clero Gallicano dicata. *Paris. Didot*, 1785, 2 *vol. in*-4. *br. Pap. d'Annonay.*
3. Eadem Biblia Sacra, ad usum Delphini. *Paris. Didot*, 1785, 2 *vol. in*-4. *br. Pap. d'Annonay.*
4. La Sainte Bible, trad. en français, par L. Is. le Maistre de Sacy, ornée de 300 figures d'après les dessins de Marillier. *Paris, Defer de Maisonneuve*, 1789 *et années suiv.* 12 *vol. in*-4. *v. f.*
5. Le nouveau Testament, trad. en français. *Charenton*, 1664, *in*-12. *rel. en chagrin.*
6. Histoire de l'ancien et du nouveau Testament, représentée en figures, par Luyken, avec des explications. *Amst.* 1732, *in-fol. fig. v. m.*
7. Histoire sacrée de la Providence, et de la conduite de Dieu sur les hommes, tirée de l'ancien et du nouveau Testament, représentée en 500 tableaux, gravés par Demarne. *Paris*, 1749, 2 *vol. in-fol. fig. v. m.*
8. Histoire de Samson, représentée en figures gravées par Audran, Poilly, et autres. *Paris, in-fol. obl. v. j.*

Saints-Pères, Théologie mystique, etc.

9. St. Augustin de la cité de Dieu, trad. par L. Giry. *Paris*, 1665, 2 *vol. in*-8. *v. b.*

10. Les Provinciales, par Pascal, avec les notes de Wendrock, (Nicole). 3 *vol. in*-12. *v. b.*

11. Entretiens de Cléandre et d'Eudoxe sur les Lettres au Provincial. *Cologne*, 1697, *in*-12. *v. br.* = Apologie des Lettres provinciales, contre les Entretiens de Cléandre et d'Eudoxe. *Rouen*, 1698, 2 *vol. in*-12. *v. b.*

12. Petit Carême de Massillon, pour l'éducation du Dauphin. *Paris, Didot*, 1789, *in*-4. *br. Pap. Vélin.*

13. L'Imitation de Jésus-Christ, trad. en français. *Paris*, 1768, *in*-12. *v. m.*

14. La Religion considérée comme l'unique base du bonheur, par mad. de Genlis. *Paris*, 1787, *in*-8. *v. éc.*

15. Génie du Christianisme, ou Beautés de la Religion chrétienne, par M. de Châteaubriand. *Lyon*, 1804, 9 *vol. in*-18. *v. j.*

Théologie hétérodoxe, etc.

16. Les princesses Malabares, ou le Célibat philosophique. *Amst.* 1735, *in*-12. *v. éc.*

17. Discours de l'empereur Julien contre les Chrétiens, trad. par le marquis d'Argens. *Berlin*, 1768, *in*-8. *v. éc.*

18. Examen de la Doctrine, touchant le salut des Païens, ou Nouvelle Apologie de Socrate, par Eberhard. *Amst.* 1773, *in*-8. *v. éc.*

19. Anatomie de la Messe, par Pierre du Moulin. *Charenton*, 1647, *in*-8. *v. m.*

20. Pensées diverses sur la Comète du mois de décembre 1680, (par Bayle). *Amst.* 1704, 4 *vol. in*-12. *v. b.*

Cailleau.

p.

12. R.

Desforges.

Chardin.

16. Ret.
17. Ret.

Francart.

Crozet 19. Ret.

Desforges.

Le Roy.

clerc.

payant.

Le Roy.

payant.

nesve.

clerc.

Serreau.

JURISPRUDENCE.

DROIT CIVIL.

21. Principes du Droit naturel, par Burlamaqui. *Genève*, 1748, *in*-8. *bas.* = Principes du Droit politique, par le même. *Amst.* 1751, *in*-8. *v. m.*
22. Le Droit public de l'Europe, (par Mably.) *La Haye*, 1746, 2 *vol. in*-12. *v. f.*
23. Le Droit de la Guerre et de la Paix, trad. du latin de Grotius, par Barbeyrac. *Amst.* 1729, 2 *vol. in*-4. *v. b.*
24. De l'Esprit des Loix, par Montesquieu. *Genève*, 1750, 3 *vol. in*-12. *v. m.* = Défense de l'Esprit des Loix. *Genève*, 1750, *in*-12. *v. m.*
25. Essai sur l'Histoire des Tribunaux des Peuples tant anciens que modernes, par des Essarts. *Paris*, 1778, 9 *vol. in*-8. *bas.*
26. Récueil de Jurisprudence civile, par de la Combe. *Paris*, 1746, *in*-4. *v. m.*

Droit français, etc.

27. Ordonnances des rois de France de la troisième race, publiées par de Laurière. *Paris*, 1723, 11 *vol. in-fol. v. m.*
28. Conférences des Ordonnances de Louis XIV, par Bornier. *Paris*, 1703, 2 *vol. in*-4. *v. b.*
29. Conférence de l'Ordonnance de Louis XIV, du mois d'août 1669, sur le fait des eaux et forêts, (par Galon.) *Paris*, 1725, 2 *vol. in*-4. *v. b.*
30. Traité de la Police, par Delamare. *Paris*, 1722, 4 *vol. in-fol. v. b.*

31. Dictionnaire universel de Police, par des Essarts. *Paris*, 1786, 8 *vol. in-4. br. en cart.*

32. Nouveau Coutumier général, par de Richebourg. *Paris*, 1724, 4 *tom. en* 8 *vol. in-fol. v. b.*

33. Traités de Duplessis sur la Coutume de Paris. *Paris*, 1726, 2 *vol. in-fol. v. b.*

34. Histoire des Loix et Usages de la Lorraine et du Barrois, dans les matières bénéficiales, par Thibault. *Nancy*, 1763, *in-fol. v. m.*

35. Dictionnaire des Arrêts, par Brillon. *Paris*, 1727, 6 *vol. in-fol. v. m.*

36. Journal du Palais, par Blondeau. *Paris*, 1737, 2 *vol. in-fol. v. b.*

37. Journal des principales Audiences du Parlement, par Dufresne. *Paris*, 1733, 4 *vol. in-fol. v. m.*

38. Journal des principales Audiences du Parlement, par Dufresne. *Paris*, 1757, 7 *vol. in-fol. v. m.*

39. Œuvres de Despeisses. *Toulouse*, 1778, 3 *vol. in-4. v. m.*

40. Œuvres de Henri Basnage, avocat. *Rouen*, 1778, 2 *vol. in-fol. v. m.*

41. Œuvres de Cochin. *Paris*, 1751, 6 *vol. in-4. v. m.*

42. Œuvres du chancelier d'Aguesseau. *Paris*, 1759, 12 *vol. in-4. v. m.*

43. Dictionnaire de Droit et de Pratique, par de Ferrière. *Paris*, 1740, 2 *vol. in-4. v. m.*

44. Traités sur diverses Matières de Droit français, par Davot. *Dijon*, 1751, 7 *vol. in-12. v. m.*

45. Dictionnaire raisonné des Domaines, (par Bosquet.) *Rouen*, 1762, 3 *vol. in-4. v. éc.*

46. Dictionnaire raisonné des Domaines, (par Bosquet et Hébert). *Rennes*, 1782, 4 *vol. in-4. v. m.*

47. Recueil alphabétique des Droits d'Entrée et

Nerve.
Warée.
francart.
Rochette.
clerc.
francart.
clerc.
clerc.
clerc.
Durand. mouillé.
tilliard.
D'aubigny.
le meme.
le meme.
le meme.
Cotterel. avec h autres volumes.

D'antigny.

Le Roy.

clerc.

nerve.

payant.

56. Ret.

francart.

tilliard.

de Sortie des cinq grosses fermes, de douane de Lyon et de Valence, etc. 1786, 4 *vol. in*-8. *v. m.*

48. Dictionnaire des Fiefs, par Renauldon. *Paris*, 1765, *in*-4. *v. m.*

49. Traité des Fiefs, par Guyot. *Paris*, 1746, 7 *vol. in*-4. *v. m.*

50. Traité des Fiefs, par Pocquet de Livonière. *Paris*, 1756, *in*-4. *v. m.*

51. Traité des Fiefs, par Henrion de Pensey. *Paris*, 1773, *in*-4. *v. m.*

52. De la Législation sur le Mariage et sur le Divorce, par M. Nougarède. *Paris*, 1802, 2 *vol. in*-8. *bas.*

53. Traité élémentaire du Notariat, par M. Garnier-Deschesnes. *Paris*, 1807, *in*-4. *br.*

SCIENCES ET ARTS.

PHILOSOPHIE.

Ethique ou morale, etc.

54. Les Œuvres de Sénèque le philosophe, trad. en français, par Lagrange. *Paris*, 1778, 7 *vol. in*-12. *v. m.*

55. Entretiens de Phocion sur le rapport de la Morale avec la Politique, par Mably. *Kell*, 1789, *in*-12. *v. m.* = Des Droits et des Devoirs du Citoyen, par le même. *Kell*, 1789, *in*-12. *v. m.*

56. La Philosophie du bon sens, par le marquis d'Argens. *La Haye*, 1755, 3 *vol. pet. in*-12. *v. m.*

57. Essais de Philosophie et de Morale, par Castilhon. *Bouillon*, 1770, *in*-8. *dem. rel.*

58. Morale de Jésus-Christ et des Apôtres. *Paris*, *Didot*, 1785, 2 *vol. in*-18. *v. f. Pap. Fin.*

59. Collection des Moralistes anciens, contenant Epictète, Confucius, Sénèque, etc. *Paris, Didot,* 1782, 16 *vol. in*-18. *v. f. Pap. Fin et Vél.*

60. Les Caractères de Théophraste, avec les Caractères de la Bruyere, publ. par Coste. *Amst.* 1731, 2 *vol. in*-12. *v. b.*

61. Maximes et Réflexions du duc de la Rochefoucauld. *Paris, Didot,* 1796, *in*-4. *br. Pap. Vél.*

62. Maximes et Réflexions morales du duc de la Rochefoucauld. *Paris, de l'impr. de Didot l'aîné*, 1796, *in*-12. *cart. Pap. Vél. avec le portrait avant la lettre.*

63. Réflexions, Sentences et Maximes morales, mises en nouvel ordre, par Amelot de la Houssaye. *Paris,* 1743, *in*-12. *v. m.*

64. Pensées du comte d'Oxenstiern. *La Haye,* 1750, 2 *tom. en* 1 *vol. in*-12. *v. m.*

65. Dictionnaire philosophique, ou Introduction à la Connoissance de l'Homme. *Paris,* 1762, *in*-8. *v. m.*

66. Les Mœurs, (par Toussaint). 1748, 2 *vol. in*-12. *v. m.*

67. Considérations sur les Mœurs de ce siècle, (par Duclos). 1751, *in*-12. *v. m.*

68. L'Ecole de l'Homme, ou Parallèle des Portraits du siècle, et des Tableaux de l'Ecriture Sainte, (par Génard). *Amst.* 1752, 3 *vol. in*-12. *v. m.*

69. Epistolica Dissertatio de Principiis justi et decori. *Amstel. apud Lud. Elzevirium,* 1651, *in*-12. *vel.*

70. Réflexions sur les Défauts d'autrui, par l'abbé de Villiers. *Paris,* 1734, 2 *vol. in*-12. *v. m.*

71. L'Homme moral, par Lévesque. *Amst.* 1775, *In*-12. *v. éc.* = L'Homme pensant, par le même. *Amst.* 1779, *in*-12. *v. éc.*

payant.

payant.

tilliard.

payant.

Desforges.

tilliard. 66. Ret.

le meme

69. gu.

Desforges.

juris.

73. Dar.

Cotterel.

75. Dar.
6. Dar.

Crozet.

Cotterel.

80. Ret.

Desforges.

Economie. Politique, Finances, etc.

72. Magasin des Enfans, par mad. le Prince de Beaumont. *Lyon*, 1773, 2 *vol. in*-12. *v. m.* = Magasin des Adolescentes, par la même. *Lyon*, 1768, 2 *vol. in*-12. *bas.* = Nouveau Magasin des Enfans. *Paris, l'an* II, 2 *vol. in*-18. *bas.*

73. Instructions pour les jeunes Dames qui entrent dans le Monde, et se marient, par mad. Le Prince de Beaumont. *Lyon*, 1764, 3 *vol. in*-12. *bas.*—Lettres d'Emerance à Lucie, par la même. *Lyon*, 1765, 2 *vol. in*-12. *v. m.* = Lettres de madame du Montier, par la même. *Lyon*, 1780, 2 *vol. in*-12. *v. m.*

74. Les Conversations d'Emilie, (par mad. d'Epinay). *Paris*, 1781, 2 *vol. in*-12. *bas.*

75. Adèle et Théodore, ou Lettres sur l'Education, par mad. de Genlis. *Paris*, 1782, 3 *vol. in*-8. *v. éc.*

76. Les Veillées du Château, par mad. de Genlis. *Paris*, 1784, 3 *vol. in*-12. *bas.*

77. Plan de Lecture pour une jeune Dame, (par de Lezay-Marnesia). *Paris*, 1784, *in*-18. *v. éc. dent.*

78. Nouveaux Essais d'Education, ou Choix des plus beaux Traits de l'Histoire ancienne et moderne, par Fréville. *Paris*, 1789, 3 *vol. in*-12. *bas.*

79. Le Portefeuille des Enfans, Mélanges intéressans d'animaux, fruits, etc. avec des explications. *Paris*, 1786, *in*-4. *fig. br. livr.* 1 *à* 20.

80. Du Contrat social, par J. J. Rousseau. *Amst.* 1762. = Recherches sur l'Origine du Despotisme oriental, (par Boulanger). 1761, *in*-12. *v. éc.*

81. Discours politiques et militaires de la Noue. 1612, *in*-8. *v. f.*

82. Notions claires sur les Gouvernemens. *Amst.* 1787, 2 *vol. in*-8. *v. éc.*

83. Essais sur l'Administration. 1786, 2 *vol. in*-8. *v. éc.*

84. Essai contre l'Abus du Pouvoir des Souverains. *in*-8. *v. m.*

85. Essai sur le Despotisme, (par de Mirabeau). *Londres*, 1775, *in*-8. *v. éc.*

86. Des Lettres de Cachet, et des Prisons d'Etat, (par de Mirabeau). *Hambourg*, 1782, 2 *tom. en* 1 *vol. in*-8. *v. éc.*

87. Sur la Législation et le Commerce des Grains, (par Necker). *Paris*, 1775, *in*-8. *v. m.* = Analyse de l'ouvrage intitulé, de la Législation et du Commerce des Grains. *Paris*, 1775, *in*-8. *v. m.*

88. Réflexions philosophiques sur l'Impôt. *Paris*, 1775, *in*-8. *v. m.* = Théorie de l'Impôt. 1760, 2 *vol. in*-12. *v. m.* = Lettres sur l'Emprunt et l'Impôt, par Rilliet de Saussure. 1779, *in*-8. *v. m.*

89. Sur les Finances. *Londres*, 1775, *in*-8. *v. éc.*

90. Recherches et Considérations sur les Finances de France, par Forbonnais. *Basle*, 1758, 2 *vol. in*-4. *v. m.*

91. Mémoires concernant l'Administration des Finances, sous le ministère de l'abbé Terrai. *Londres*, 1776, *in*-12. *v. éc.*

92. De l'Administration des Finances de la France, par M. Necker. 1784, 3 *vol. in*-8. *v. éc. Gr. Pap.* = Sur l'Administration de M. Necker, par lui-même. *Paris*, 1791, *in*-8. *bas.* = Du Pouvoir exécutif dans les grands Etats, par le même. 1792, 2 *vol. in*-8. *bas.* = Examen de la Théorie et Pratique de M. Necker, dans l'Administ. des Finances, etc. 1785, *in*-8. *bas.*

93. Requête et Lettre au Roi, par M. de Calonne. 1787, 2 *vol. in*-8. *bas.* = Réponse de M. de Calonne à l'écrit de M. Necker. 1788, *in*-8. *v. m.*

Cotterel.

Cotterel.

85. f.

p.

p.

p.

p.

p.

p.

juin.

95. Ret.

p.

98. Ret.

Desforges.

D'aubigny.
D'aubigny

102. R.

Desforges.

= M. de Calonne tout entier. *Bruxelles*, 1788, *in*-8. *v. m.*

94. Considérations sur les Richesses et le Luxe, (par Senac de Meilhan). *Paris*, 1787, *in*-8. *v. éc.* = Essai analytique sur la Richesse et sur l'Impôt, (par Graslin). *Londres*, 1767, *in*-8. *v. m.*

Métaphysique, etc.

95. De l'Esprit, par Helvétius. *Paris*, 1758, *in*-4. *v. m.*

Exemplaire avec la censure, les arrêts du Parlement, et autres pièces qui y ont rapport.

96. Histoire d'Ema (ou de l'Ame, par Julien Busson). 1752, 2 *tom. en* 1 *vol. in*-12. *v. m.*

97. L'Examen des Esprits pour les Sciences, par Huarte, trad. de l'espagnol, par d'Alquié. *Amst.* 1672, *in*-12. *v. b.*

98. L'Homme machine, (par la Mettrie.) *Leyde*, 1748, *pet. in*-8. *v. éc.*

99. Le Ventriloque, par de la Chapelle. *Paris*, 1772, 2 *vol. in*-12. *v. m.*

Histoire naturelle, Botanique, etc.

100. Dictionnaire d'Histoire naturelle, par Valmont-Bomare. *Lyon*, 1800, 15 *vol. in*-8. *v. m.*

101. Histoire naturelle de Buffon. *Paris, de l'imp. roy.* 1750, 17 *vol. in*-4. *fig. v. m.*

Savoir : les tomes 1 à 15, et 1 et 2 des oiseaux.

102. Abrégé de l'Histoire naturelle, d'après Buffon. *Paris, l'an* VIII, 4 *vol. in*-8. *fig. bas.*

103. Atlas d'Histoire naturelle, ou Collection de Tableaux relatifs aux trois règnes de la Nature, par Chaisneau. *Paris, l'an* XI, *in*-4. *cart.*

104. De la Nature, (par Robinet). *Amst.* 1761, 3 *vol. in*-8. *v. éc.*

105. Contemplation de la Nature, par Ch. Bonnet. *Hambourg,* 1782, 3 *vol. in-*8. *v. éc.*

106. Principales Merveilles de la Nature, où l'on traite de la substance de la terre, de la mer, etc. tirées des meilleurs auteurs anciens et modernes. *Amst.* 1723, *in-*12. *fig. m. cit.*

107. Etudes de la Nature, par M. Bernardin de Saint-Pierre. *Paris,* 1788, 5 *vol. in-*12. *fig. bas.*

108. Nouvelle Description des Glacières de Savoie, par Bourrit. *Genève,* 1785, *in-*8. *fig. v. m.*

109. Histoire des Tremblemens de Terre arrivés à Lima au Pérou, trad. de l'anglais. *La Haye,* 1752, 2 *tom. en* 1 *vol. in-*12. *fig. v. m.*

110. Gemmarum et Lapidum historia, auct. Anselmo de Boot. *Lugd. Bat.* 1636, *in-*8. *fig. v. b.*

111. Des Pierres tombées du Ciel, ou Lithologie atmosphérique, par Izarn. *Paris,* 1803, *in-*8. *v. m.*

112. Telliamed, ou Entretiens d'un Philosophe indien avec un Missionnaire français, sur la diminution de la mer, mis en ordre sur les Mémoires de Maillet, (par A. Guer.) *Amst.* 1748, *in-*8. *v. m.*

113. Le Moyen de devenir Riche, par Bern. Palissy. *Paris,* 1636, *in-*12. *v. m.*

114. Dictionnaire économique, par Chomel. *Paris,* 1740, *et le suppl. de* 1743, 4 *vol. in-fol. bas.*

115. Elémens de Botanique, par Jos. Pitton Tournefort. *Paris, impr. royale,* 1694, 3 *vol. gr. in-*8. *fig. v. m. reliure du Louvre.*

116. Calendrier de Flore, ou Etudes des Fleurs d'après nature, (par m[lle] Victorine de Chastenay). *Paris,* 1802, 2 *vol. in-*8. *v. m.*

117. Histoire critique de l'Ame des Bêtes, par Guer. *Amst.* 1749, 2 *vol. in-*8. *bas.*

118. Ornithologie, par Brisson. *Paris,* 1760, 6 *vol. in-*4. *fig. bas.*

L'oiseau

francart.

Serreau 107. R.

francart.

Verdière

112. Ret.

Serreau.

Warée

Martin

Serreau

Waric

tilliard.

p.

tilliard.

p.

tilliard.

128. De.

cotteret.

130. De.

131. C.

132. R.

p.

119. Nouveau Traité des Serins de Canarie, par Hervieux. *Paris*, 1709, *in*-12. *v. b.*

Médecine. Mathématiques, etc.

120. Méthode pour traiter toutes les Maladies, par Vachier. *Paris*, 1785, 14 *vol. in*-12. *v. m.*

121. Médecine domestique, trad. de l'anglais de Buchan, par Duplanil. *Paris*, 1783, 5 *v. in*-8. *v. m.*

122. De l'Homme et de la Femme considérés physiquement dans l'état du mariage, (par de Lignac.) *Lille*, 1772, 2 *vol. in*-12. *v. m.*

123. Traité pratique des Maladies des Yeux, trad. de l'italien de Scarpa, par M. Léveillé. *Paris*, 1807, 2 *vol. in*-8. *bas.*

124. Dictionnaire des Alimens, Vins et Liqueurs, etc. avec la manière de les apprêter, (par Briand.) *Paris*, 1750, 3 *vol. in*-12. *v. m.*

125. Essai sur différentes espèces d'Air, par Sigaud de la Fond. *Paris*, 1779, *in*-8. *fig. v. m.*

126. Abrégé des Elémens de Mathématiques de Rivard. *Paris*, 1752, *in*-8. *fig. v. m.*

127. Récréations mathématiques, par Ozanam. *Paris*, 1735, 4 *vol. in*-8. *fig. v. m.*

128. Méthode nouvelle pour tracer des Cadrans solaires, par de la Prise. *Caen*, 1781, *in*-8. *fig. v. m.*

129. Traité d'Optique, (par de Courtivron.) *Paris*, 1752, *in*-4. *fig. v. m.*

130. La Magie blanche dévoilée, par Decremps. *Paris*, 1788, 2 *tom. en* 1 *vol. in*-8. *fig. bas.*

131. Les petites Aventures, le Testament, et le Codicille de Jérôme Sharp. *Bruxelles*, 1789, 3 *vol. in*-8. *bas.*

132. Etudes sur la Théorie de l'Avenir. *Paris*, 1810, 2 *vol. in*-8. *bas.*

133. Histoire de la Musique et de ses effets, (par Bonnet et le Cerf de la Viéville.) *Amst.* 1725, 2 *vol. in*-12. *v. m.*

ARTS.

Peinture, Sculpture, Architecture, etc.

134. Encyclopédie, ou Dictionnaire des Sciences, des Arts, etc. publ. par Diderot et d'Alembert. *Paris*, 1751, 33 *vol. in-fol. fig. v. m.*

135. Dictionnaire portatif des Beaux-Arts, par la Combe. *Paris*, 1753, *in-8. v. m.*

136. Polygraphie et universelle Ecriture cabalistique de Trithème, trad. par Gabr. de Collange. *Paris*, 1562, *in-4. v. f. exempl. du comte d'Hoym.*

137. Cours de Peinture, par de Piles. *Paris*, 1708, *in-12. v. b.* = Abrégé de la Vie des Peintres, par le même. *Paris*, 1715, *in-12. v. b.*

138. Galerie du Palais Royal, gravée par Couché, avec une description historique de chaque Tableau, par l'abbé de Fontenai. *Paris*, 1786, 3 *vol. in-fol. fig. v. f.*

139. Cours historique et élémentaire de Peinture, ou Galerie du Musée Napoléon, par Filhol. *Paris*, 1802, *et ann. suiv.* 92 *livr. in-8. en cah.*

140. Tableaux, Statues, Bas-Reliefs et Camées de la Galerie de Florence et du palais Pitti, dessinés par Wicar, et gravés sous la direction de Lacombe. *Paris*, 1789, *et années suiv.* 44 *livraisons in-fol. en cah. Pap. Vél.*

141. Le Cabinet des Beaux-Arts, ou Recueil d'Estampes, gravées d'après les tableaux d'un plafond où les Beaux-Arts sont représentés, avec des explications. 1690, *in-fol. obl. v. m.*

142. Representatio et Delineatio diversorum prospectuum civitatis Ratisbonæ, per Mart. Engelbrecht excusæ. *in-fol. obl. fig. v. b.*

143. Recueil de Vues des Lieux principaux de la colonie française de Saint-Domingue, gravées par M. Ponce. *Paris*, 1791, *in-fol. cart.*

Bruxiard. marque les deux vol. de tables.

franeart.

warée.

Bénard.

paullet.

Cotteret.

Cotteret.

Cotteret. 142. C.

145. til. n^t

p.

tilliard.

Desforges.

Barrois ainé.

gregoire.

chardin

chardin

gregoire

clere.

144. Le Génie de l'Architecture, ou l'Analogie de cet Art avec nos sensations, par le Camus de Mézières. *Paris*, 1780, *in*-8. *fig. v. m.*

145. Le Guide de ceux qui veulent bâtir, par le Camus de Mézières. *Paris*, 1781, 2 *vol. in*-8. *v. m.*

146. Toisé général du Bâtiment, par Ginet. *Paris*, 1761, *in*-8. *fig. v. m.* = Traité et Tarif général du Toisé des bois de charpente, carrés, et mi-plats, par le même. *Paris*, 1761, *in*-8. *fig. v. m.*

147. Instruction sur les Bois de marine, avec le Supplément. *Paris*, 1780, 2 *vol. in*-12. *v. éc. et br. fig.*

148. Manière de rendre toutes sortes d'Edifices incombustibles, par le comte d'Espie. *Paris*, 1776, *in*-12. *fig. v. m.*

Art militaire, etc.

149. Mémoires du marquis de Feuquière. *Londres*, 1736, 4 *vol. in*-12. *v. b.*

150. Campagne du maréchal de Coigny en Allemagne, en 1744. *Amst.* 1761, 5 *vol. in*-12. *v. m.* = Campagne du maréchal de Noailles en Allemagne, en 1743. *Amst.* 1760, 2 *vol. in*-12. *v. m.*

151. Journal historique de la dernière Campagne de l'Armée du Roi, en 1746. *La Haye*, 1747, *in*-8. *fig. v. m.*

152. Relation des Campagnes du général Bonaparte en Egypte et en Syrie, par le général Berthier. *Paris*, *an* IX, *in*-8. *bas.*

153. Le Nouveau parfait Maréchal, par de Garsault. *Paris*, 1770, *in*-4. *fig. bas.*

BELLES-LETTRES.

Grammaires, Dictionnaires, etc.

154. Cours de Belles-Lettres, ou Principes de la Littérature. *Paris,* 1753, 3 *vol. in-12. v. éc.*

155. Lycée, ou Cours de Littérature ancienne et moderne, par La Harpe. *Paris, l'an VII,* 14 *vol. in-8. bas.*

156. Traité de la formation mécanique des Langues, (par de Brosses.) *Paris,* 1765, 2 *vol. in-12. fig. v. m.*

157. Logique et Principes de Grammaire, par Dumarsais. *Paris,* 2 *vol. in-12. bas.*

158. Novitius seu Dictionarium latino-gallicum. *Lut. Parisior.* 1733, 2 *vol. in-4. v. b.*

159. Glossarium ad Scriptores mediæ et infimæ latinitatis, auctore Car. Dufresne, domino du Cange, cum Supplemento, studio D. Carpentier. *Paris.* 1733 *et* 1766, 10 *vol. in-fol. v. b.*

160. Dictionnaire français, par Ant. Furetière. *La Haye,* 1690, 3 *vol. in-fol. v. b.*

161. Dictionnaire de l'Académie française. *Paris,* 1718, 2 *vol. in-fol. v. b.*

162. Dictionnaire universel français-latin, vulgairement appelé de Trévoux. *Paris,* 1771, 8 *vol. in-fol. v. m.*

163. Dictionnaire de la Langue française de Richelet, augmenté par de Wailly. *Lyon,* 1786, 2 *vol. in-8. v. m.*

164. Dictionnaire étymologique de la Langue française, par Ménage. *Paris,* 1750, 2 *vol. in-fol. v. m.*

165. Dictionnaire poétique d'Education, par de la Croix. *Paris,* 1775, 2 *vol. in-8. v. m.*

payant.
Serreau.

156. f. y.

Desforges.

158 f
159. f. y.
160. f.

payant.
Megnignon fils.

164. f.

payant.
Desforges.

La Bitte.

payant.

crozet.

Serreau

payant.

Serreau

francart.

166. Dictionnaire italien et français, et français et italien, par Veneroni. *Paris*, 1769, 2 *tom. en* 1 *vol. in*-4. *v. m.*

Orateurs.

167. Demosthenis Opera, gr. et lat. ed. Athan. Auger. *Paris. P. Didot*, 1790, *in*-4. *br. Pap. Vél. le tom.* 1.

168. Cicéron, de la Nature des Dieux, en lat. et en franç. trad. par le Masson. *Paris*, 1721, 3 *vol. in*-12. *bas.*

169. Les Lettres de Cicéron à Atticus, en lat. et en franç. *Paris*, 1701, 2 *vol. in*-12. *v. b.* = Les Livres de Cicéron, de la Vieillesse et de l'Amitié, en lat. et en franç. trad. par Dubois. *Paris*, 1708, *in*-12. *v. b.*

170. Lettres familières de Cicéron, en lat. et en franç. trad. par l'abbé Prévost. *Paris*, 1801, 6 *vol. in*-8. *v. m.*

171. M. Fab. Quintiliani Institutionum oratoriarum lib. XII, edente Car. Rollin. *Parisiis*, 1741, 2 *vol. in*-12. *bas.*

172. Oraisons funèbres de Fléchier. *Paris*, 1760, *in*-12. *bas.*

POÉTIQUE.

Poètes grecs.

173. Réflexions critiques sur la Poésie et sur la Peinture, par Du Bos. *Paris*, 1733, 3 *vol. in*-12. *v. b.*

174. Choix de Poésies, trad. du grec, du latin, et de l'italien, par E. T. Simon de Troyes.) *Londres*, (*Paris, Cazin*,) 1786, 2 *vol. in*-18. *bas.*

175. Les Œuvres d'Homère, trad. en français, par Bitaubé. *Paris, de l'impr. de Didot l'aîné*, 1787, 12 *vol. in*-18. *m. r. Pap. Vél.*

176. Œuvres complètes d'Homère, (l'Iliade), trad. avec des notes par Gin. *Paris, Didot*, 1786, 4 *vol. in*-4. *br.*

177. Le Théâtre des Grecs, par le P. Brumoy. *Paris*, 1763, 6 *vol. in*-12. *v. m.* = Tragédies de Sophocle, servant de supplém. au Théâtre des Grecs. 2 *vol. in*-12. *v. m.*

Poëtes latins.

178. Epigrammi latini tradotti in versi italiani. *Parma, Bodoni*, 1798, *in*-12. *v. porph.*

179. Tit. Lucretii Cari de rerum natura lib. sex. *Birmingh. Baskerville*, 1773, *in*-12. *mar. bl.*

180. Lucrèce, de la Nature des Choses, trad. en français, avec le texte en regard, (par le B. des Coutures.) *Paris*, 1708, 2 *vol. in*-12. *v. j.*

181. Traduction en prose de Catulle, Tibulle, et Gallus, (par de Pezay) avec le texte en regard. *Paris*, 1771, 2 *vol. in*-8. *v. m.*

182. P. Virgilii Maronis Bucolica, Georgica et Æneis. *Paris. Didot*, 1798, *in-fol. atlant. fig. v. f.*

Superbe édition, tirée à 250 exemplaires.

183. Pub. Virgilius Maro. *Parisiis, Pet. Didot, an. VI, in*-12. *v. porph. Pap. Vél.*

184. Les Œuvres de Virgile, en latin et en français, trad. par les quatre professeurs. *Paris*, 1780, 4 *vol. pet. in*-12. *v. m.*

185. Les Géorgiques de Virgile, trad. en vers français, avec le latin à côté, par M. Delille. *De l'impr. de la Société typogr.* 1784, *in*-8. *v. éc.*

186. L'Enéide de Virgile, trad. en vers français, avec le texte en regard, par M. Delille. *Paris*, 1804, 4 *vol. in*-8. *fig. v. porph.*

187. Q. Horatii Flacci Carmina, ad suum ordinem ac nitorem revocata, studio N. S. Sanadonis. *Lut. Paris.* 1728, *in*-12. *v. b.* = Dan. Heinsii de

Desforges.

payant.

francart.

p.

tilliard.

p.

182. Y. mhot

la bitte

m. Charpentier

avignon

tilliard.

Eckart.

Merlin

p.

191. Y. aio[+]

p.

193. L. R. C. gardé par la famille

Redon

195. De.

Chailloux.

197. V. très pet. caractères italiques.

p.

198. V. aussi italiques

199. Y.

Eckart.

Tilliard.

Satyra Horatiana lib. duo. *Lugd. Bat. ex offic. Elzevir.* 1629, *in-12. v. b.*

188. Q. Horatius Flaccus. *Glasguæ, Foulis,* 1744, *in-12. mar. bl.*

189. Q. Horatii Flacci poemata, cum notis Joan. Bond. *Aurelianis*, 1767, *in-12. v. éc.*

190. Q. Horatii Flacci Carmina, cum annot. gallicis Lud. Poinsinet de Sivry. *Parisiis,* 1777, 2 *vol. in-8. v. f.*

191. Q. Horatius Flaccus. *Parisiis, Didot,* 1799, *in-fol. atlant. fig. v. f.*
Superbe édition, tirée à 250 exemplaires.

192. Q. Horatius Flaccus, edit. stereotypa. *Paris. Didot,* 1800, *in-12. cart. Pap. Vél.* = Phædri Fabulæ. *Paris. Didot, ann. VI, in-18. cart. Pap. Vél. edit. stereotypa.*

193. Œuvres d'Horace, traduites en vers, par M. Daru, avec le texte en regard de la traduction. *Paris*, 1804, 4 *vol. in-8. v. f. Pap. Vél.*

194. P. Ovidii Nasonis Opera. *Amstel. Jansson,* 1717, 3 *vol. in-18. v. m.*

195. Les Métamorphoses d'Ovide, en latin et en français, trad. par Banier, avec des estampes gravées par les soins de Lemire et Basan. *Paris,* 1767, 4 *vol. in-4. m. r.*

196. A. Flacci Persii, D. Jun. Juvenalis, et Sulpiciæ Satyræ. *Parisiis, Barbou,* 1776, *in-12. dem. rel.*

197. M. Annæi Lucani Pharsalia. *Amstel. Jansson,* 1714, *in-12. v. m.*

198. Martialis Epigrammata. *Genevæ,* 1647, *in-12. vél.*

199. Idée des Spectacles anciens et nouveaux, (par Michel de Pure.) *Paris,* 1668, *in-12. m. r. l. r.*

200. Martini Anton. Delrii Syntagma tragœdiæ latinæ. *Lut. Paris.* 1620, *in-4. v. b.*

201. Les Comédies de Térence, en latin et en français, trad. par le Monnier. *Paris,* 1771, 3 *vol. in-8. fig. v. éc.*

Poëtes Français.

202. Annales poétiques. *Paris*, 1778 *et ann. suiv.* 40 *vol. pet. in-12. v. m.*

203. Almanach des Muses, depuis 1765 jusqu'en 1811. *Paris*, 1765, *et années suiv.* 46 *vol. petit in-12. v. éc.*

204. Le Trésor du Parnasse, ou le plus Joli des Recueils. *Londres*, (*Paris*) 1762, 4 *vol. in-12. v. m.* = L'Abeille du Parnasse. *Londres*, 1757, 2 *vol. in-12. v. m.*

205. Les Bijoux des neuf Sœurs. *Paris*, 1790, 2 *vol. in-12. fig. v. porph.*

206. Collection des Poëtes français, imprimés chez Coustellier, savoir : G. Coquillart, la Farce de Pathelin, Villon, Martial de Paris, P. Faifeu, G. Cretin, et J. et M. Marot. *Paris*, 1723 *et* 1762, 8 *vol. pet. in-8. v. éc.*

207. Recueil de Pièces, dont la Capilotade, poëme, par Momus. *Fontenoy*, 1745. = Le Coq-à-l'Asne, ou l'Eloge de Martin Zèbre. *A Asnière*, 1760, *in-8. v. éc.*

208. Les Œuvres françaises de Joachim du Bellay. *Paris*, 1574, *in-8. v. m.*

209. Poésies de Malherbe. *Paris*, *Didot*, 1797, *in-4. br. Pap. Vél.*

210. Fables choisies, mises en vers, par J. de la Fontaine. *Paris*, 1755, 4 *vol. in-fol. fig. v. éc.*

211. Fables de la Fontaine, le texte gravé par Montulay, et les figures par Fessard. *Paris*, 1765, 6 *vol. in-8. v. éc.*

212. Fables de la Fontaine, pour l'éducation du Dauphin. *Paris*, *Didot*, 1788, *in-4. br. Pap. Vél.*

213. Fables de la Fontaine, avec les figures de Simon et de Coiny. *Paris*, *de l'impr. de Didot l'aîné*, 1787, 6 *vol. in-18. m. r. Pap. Vél.*

Redon

203. y. eh[t]

Desforges

chardin

Loireau.

Serreau

Le Roy.

paullet.

Saullet.

Loiseau

pichard.

tilliard.

213. R.

Warée l'aîné.

215. R.

paullet.

chardin

218. R.

chardin

Desforges.

le meme.

girond

Loiseau

Desforges.

merlin.

favre.

p.

214. Œuvres de Nic. Boileau Despréaux. *Amst.* 1729, 2 *vol. in-fol. v. j. fig. de B. Picart.*

215. Poésies de Boileau Despréaux. *Paris, de l'impr. de Didot l'aîné*, 1781, 2 *tom. en* 1 *vol. in-*18. *v. f.*

216. Œuvres de Boileau, pour l'éducation du Dauphin. *Paris, Didot*, 1789, 2 *vol. in-*4. *br. Pap. Vél.*

217. Odes, Cantates, Epîtres, et Poésies diverses, par J. B. Rousseau, pour l'éducation du Dauphin. *Paris, Didot*, 1790, *in-*4. *br. Pap. Vél.*

218. Œuvres de Gresset. *Londres*, (*Paris*) 1765, 2 *vol. pet. in-*12. *v. porph.*

219. Le Vice puni, ou Cartouche, poëme, (par Grandval.) *Paris*, 1726, *in-*8. *fig. v. éc.*

220. Œuvres choisies de Dorat. *Paris*, 1786, 3 *vol. pet. in-*12. *bas.*

221. Œuvres de Colardeau. *Paris, Cazin*, 1793, 3 *vol. in-*18. *bas.*

222. Œuvres de P. J. Bernard, ornées de gravures d'après les dessins de Prudhon. *Paris, P. Didot*, 1797, *in-*4. *br. Pap. Vél.*

223. La Henriade de Voltaire, imprimée pour l'éducation du Dauphin. *Paris, Didot l'aîné*, 1790, *in-*4. *m. r. dent. Pap. Vél.*
On a inséré dans cet exemplaire les figures de Quéverdo.

224. L'Art de Peindre, poëme, par Watelet. *Paris*, 1760, *in-*4. *v. éc.*

225. L'Agriculture, poëme, par Rosset. *Paris, de l'impr. royale*, 1774, 2 *tom. en* 1 *vol. in-*4. *fig. v. m.*

226. Les Mois, poëme, par Roucher. *Paris*, 1779, 4 *tom. en* 2 *vol. pet. in-*12. *dem. rel.*

227. Œuvres du cardinal de Bernis. *Paris, Didot l'aîné*, 1797, *gr. in-*8. *cart. Pap. Vél.*

228. Les Saisons, poëme, et autres pièces, par Saint-Lambert. *Amst.* 1771, *in-*8. *fig. v. m.*

229. La Franciade, ou l'ancienne France, poëme, par M. Vernes. *Paris*, 1790, 2 *vol. in*-8. *bas.*

230. La Jacobinéide, poëme héroï-comi-civique, (par Marchant.) *Paris*, 1792, *in*-8. *fig. bas.*

231. Fables et Contes de Guichard. *Paris*, 1802, 2 *vol. in*-12. *bas.*

232. La Navigation, poëme, par Esménard. *Paris*, 1805, 2 *vol. in*-8. *bas.*

233. L'Imagination, poëme, par M. Delille. *Paris*, 1806, 2 *vol. in*-8. *fig. v. porph.*

234. La Pitié, poëme, par M. Delille. *Paris*, 1803, *in*-8. *fig. v. porph.*

235. Poésies et pièces fugitives diverses de M. le chev. de Boufflers. *Paris*, 1772, *in*-8. *v. f.*

236. La Cléopédie, ou la Théorie des Réputations en Littérature, par M. Daru. *Paris*, *l'an* VIII, *in*-8. *v. rac. Pap. Vél.*

237. Les Amours épiques, poëme, par M. Parseval Grandmaison. *Paris*, *de l'impr. de Didot l'aîné*, 1804, *in*-12. *cart. Pap. Vél.*

Poëtes dramatiques Français, etc.

238. Histoire du Théâtre français, par Parfait. *Paris*, 1745, 15 *vol. in*-12. *v. b.*

239. Théâtre de P. Corneille, avec le Commentaire de Voltaire. *Paris*, *Didot*, 1795, 10 *vol. in*-4. *br. Pap. Vél.*

240. L'Esprit du grand Corneille, extrait de ses Œuvres dramatiques. *Bouillon*, 1773, 2 *vol. in*-12. *bas.*

241. La Comédie des Comédiens, tragi-comédie, par Gougenot. *Paris*, 1633, *in*-8. *v. f.*

242. Œuvres de Molière. *Paris*, *Didot*, 1791, 6 *vol. in*-4. *br. Pap. Vél.*

243. Les Œuvres de Jean Racine, pour l'éducation du Dauphin. *Paris*, *Didot*, 1784, 3 *vol. in*-8. *m. vert. Pap. Vél.*

p.
Serreau
juin
tilliard

233. N.

p. 234. N.

gardé par la famille 236. N. Y.

tilliard 237. C. S.

Desforges.

tilliard.

francart.

le meme.

francart.

La Bitte

243. N.

chardin

tilliard.

246. L.

p.

juris.

p.

chardin

juris.

p.

254. Dar.

Lecrivain

256. V. francart.

p.

merlin

~~Marie l'ainé~~

crozet.

244. Anne de Bretagne, tragédie par Ferrier. *Paris*, 1679, *in*-12. = Adraste, tragédie, par le même. *Amst.* 1705, *in*-12. *v. f.*

245. Théâtre de la Thuillerie. *Amst.* 1745, *in*-12. *v. éc.*

246. Le Théâtre de Pradon. *Paris*, 1732, *petit in*-12. *v. m.*

247. Œuvres de Regnard. *Paris*, 1770, 4 *vol. pet. in*-12. *v. m.*

248. Théâtre de la Font. *Amst.* 1746, *in*-12. *v. m.*

249. Œuvres de Théâtre de Le Sage. *Paris*, 1774, 2 *vol. in*-12. *v. j.*

250. Œuvres de Théâtre, et autres pièces de Pesselier. *Paris*, 1742, *in*-8. *v. m.*

251. Œuvres de la Chaussée. *Paris*, 1763, 5 *vol. pet. in*-12. *v. m.*

252. Théâtre de Bret. *Paris*, 1778, 2 *vol. in*-8. *v. m.*

253. Chef-d'Œuvres dramatiques d'Alexis Piron. *Paris*, 1775, 2 *vol. in*-12. *v. m.*

254. Théâtre à l'usage des jeunes Personnes, par mad. de Genlis. *Paris*, 1780, 4 *vol. in*-12. *v. m.*

255. Théâtre de MM. de Piis et Barré. *Londres*, (*Paris*, *Cazin*,) 1785, 2 *vol. in*-18. *bas.* = Recueil de Poésies fugitives, et Contes nouveaux. *Londres*, (*Paris*, *Cazin*,) 1784, *in*-18. *bas.*

256. La Cour plénière, héroï-tragi-comédie, par l'abbé de Vermond. *Paris*, 1788, *in*-8. = Le Lever de Bâville, drame héroïque. *Rome*, *in*-8. *v. éc.*

257. Anthologie française, ou Chansons choisies, depuis le 13e siècle jusqu'à présent, par Monet. 1765, 3 *vol. in*-8. *fig. v. m.*

258. Choix de Chansons mises en musique, par de la Borde. *Paris*, 1773, 2 *vol. in*-8. *fig. m. r.*

259. Chansons choisies, avec les airs notés. *Londres*, (*Paris*,) 1783, 6 *vol. in*-18. *et atlas. bas.*

260. Noci Bourguignon, de Gui' Barozai, (Bernard de la Monnoye). *Ai Dioni*, 1720, *in*-12. *v. m.*

B 3

Poëtes Italiens, etc.

261. Poesie italiane di rimatrici viventi, raccolte da Teleste Ciparissiano. *In Venezia*, 1716, *in*-8. *v. b.*

262. L'Enfer, poëme du Dante, trad. de l'italien, avec le texte en regard. *Paris*, 1783, *in*-8. *v. m.*

263. Nouvelle traduction de Roland l'Amoureux, de Boyardo, (par Le Sage.) *La Haye*, 1746, 2 *vol. in*-12. *v. m.*

264. La Gierusalemme liberata di Torq. Tasso. *Parigi, Didot aîné*, 2 *vol. in*-4. *fig. de Cochin, br. seconde édition.*

265. Jérusalem délivrée, poëme du Tasse, trad. en français, *Lille*, 1789, 2 *vol. in*-12. *bas.*

266. Richardet, poëme, (trad. en vers français de l'ital. de Fortiguerra, par Dumourier.) *Londres*, (*Paris, Cazin*,) 1781, 2 *vol. in*-18. *bas.*

267. Pescatoria et Ecloghe del San Martino. *In*-8. *m. r.*

268. Giornata villereccia, poemetto di Clemente Bondi. *Parma, Bodoni*, 1794, *in*-12. *v. porph.*

269. Le Paradis perdu de Milton, trad. en vers français, avec le texte en regard, par M. Delille. *Paris*, 1805, 3 *vol. in*-8. *fig. v. porph.*

270. Les Nuits d'Young, trad. de l'anglais, par le Tourneur. *Paris, l'an* III, 2 *vol. in*-12. *v. m.*

Mythologie.

271. Dictionnaire de la Fable, par M. Noël. *Paris*, 1801, 2 *vol. in*-8. *v. m.*

272. Natalis Comitis Mythologiæ, sive explicationis Fabularum lib. decem. *Patavii*, 1616, *in*-4. *fig. parch.*

273. Lettres à Emilie sur la Mythologie, par M. Demoustier. *Paris*, 1792, 3 *vol. in*-18. *bas.*

gregoire.

Deforge.

Th. Barrois.

juin. 265. R.

268. C.
269. R.
270. R.

Brunard. 271. R.

P.

Marie.

joseph

pierre.

p.

280. Ret.

Bigarum poirrier giroud.

282. Du.

p.

giroud.

avec hautes volume. p.

288. Ret.

274. Tableaux du Temple des Muses, avec les descriptions, par de Marolles. *Paris*, 1655, *in-fol. fig. v. m. Gr. Pap.*

275. Les Voyages de Cyrus, par Ramsay. *Paris*, 1727, 2 *vol. in-12. v. f.*

276. Suite de la Nouvelle Cyropédie, ou Réflexions de Cyrus sur ses Voyages, (par la princesse de Conti, Grécourt et autres.) *Amst.* 1728, *in-8. v. f.*

Facéties, plaisanteries, etc.

277. L. Apuleii Metamorphoseon lib. undecim. *Parisiis, Colinœus*, 1536, *in-8. v. m.*

278. Œuvres de maître François Rabelais. 1732, 6 *vol. pet. in-8. fig. v. b.*

279. Histoire de Pantagruel. *Amst.* 1695, *in-12. v. f.*

280. Le Moyen de Parvenir, (par Fr. Beroalde de Verville.) 1773, 2 *vol. in-12. v. éc.*

281. Les Bigarrures du Seigneur des Accords. *Poictiers*, 1615, *in-18. v. m.*

282. Pensées facétieuses, et Bons Mots de Bruscambille. *Cologne*, 1709, *in-12. v. m.*

283. La Mandarinade, ou Histoire comique du Mandarinat de l'abbé de Saint-Martin, marquis de Miskou, etc. (par Ch. Gabr. Porée.) *La Haye*, 1738, *in-12. v. m.*

284. Les Manteaux, recueil, (par le comte de Caylus.) *La Haye*, 1746, *in-12. v. m.*

285. Les Etrennes de la Saint-Jean, par le comte de Caylus. *Troyes*, 1751, *in-12. v. f.*

286. Mon Bonnet de Nuit, par M. Mercier. *Neuchâtel*, 1784, 2 *vol. in-8. v. éc.*

287. L'Homme sauvage, par Mercier. *Neuchâtel*, 1784, *in-8. v. éc.*

288. L'An deux mille quatre cent quarante, par Mercier. 1786, 3 *vol. in-8. v. éc.*

289. Réflexions sur les Grands Hommes qui sont morts en plaisantant, (par Deslandes.) *Amst.* 1732, *in*-12. *v. b.*

Contes et Nouvelles.

290. Contes et Nouvelles de Boccace. *Cologne*, 1732, 2 *vol. in*-12. *fig. v. b.*

291. Contes et Nouvelles de Boccace, trad. en français. *La Haye*, 1733, 2 *vol. in*-12. *v. b.*

292. Les Facétieuses Nuits de Straparole. *Amst.* 1725, 3 *vol. in*-12. *v. f.*

293. Les Cent Nouvelles nouvelles. *La Haye*, 1733, 2 *vol. in*-12. *v. b.*

294. Contes et Nouvelles de Marguerite de Valois, reine de Navarre. *La Haye*, 1733, 2 *vol. in*-12. *v. b.*

295. Les Contes, ou les Nouvelles Récréations de Bonaventure des Perriers. *Amsterd.* 1735, 3 *vol. in*-12. *v. f.*

296. Les Contes et Discours d'Eutrapel, par Noël du Fail, sieur de la Hérissaye. 1732, 2 *vol. in*-12. *v. b.*

297. Les Contes du sieur d'Ouville. *Amst.* 1732, 2 *vol. in*-12. *v. m.*

298. Contes moraux, par Marmontel. *Paris*, 1789, 3 *vol. in*-12. *fig. v. éc.*

299. Nouveaux Contes moraux, par Marmontel. *Paris*, 1801, 4 *vol. in*-12. *bas.*

300. Mes Récréations, ou Recueil de Contes plaisans, etc. *Paris*, 1789, 6 *vol. in*-12. *bas.*

301. Contes orientaux, ou les Récits du sage Caleb, voyageur persan, (par mad. Monnet). *Paris*, 1784, 2 *tom. en* 1 *vol. in*-12. *v. m.*

302. Les Mille et une Soirées, contes mogols. *La Haye*, 1749, 3 *vol. in*-12. *v. m.*

303. Les Mille et une Heures, contes péruviens. *Paris*, 1759, 2 *vol. in*-12. *v. f.*

p.

290. Ret.
291. Ret.
292. Ret.
293. Ret.
294. Ret.
295. Ret.
296. Ret.
297. Ret.

Avignon

300. Bar.
301. Bar.
302. Bar.
303. Bar.

304. Dar.

p.

306. Dar.

tilliard.

308. Ret. fro.m[t]

verdon imparfait et non goujon
reverdon

magimel.

giroud.

charpentier

313 R. Chailloux

francart.

~~315. R.~~

tilliard.

316. Dar.

304. Le Cabinet des Fées. *Paris*, 1785, 37 *vol. in*-12. *fig. v. m.*

305. Les Contes des Fées, de Perrault, mis en vers. *Paris*, *an VII*, *in*-18. *fig. v. m.*

Romans français, etc. rangés par ordre alphabétique.

306. Les Amours de Henri IV, roi de France, avec ses Lettres à la duchesse de Beaufort, et à la marquise de Verneuil. *Amst.* 1765, 2 *tom. en* 1 *vol. in*-12. *v. éc.*

307. Les Amours d'Ismène et d'Isménias, (trad. du grec d'Eustathe, par de Beauchamps.) *La Haye*, (*Paris, Coustellier*,) 1743, *in*-12: *fig. m. bl.*

308. Les Amours de Sainfroid, jésuite, et d'Eulalie, fille dévote. *La Haye*, 1748, *in*-12. *br.*

309. Les Amours de Psyché et de Cupidon, suivies d'Adonis, par La Fontaine. *Paris, de l'impr. de Didot l'aîné*, 1797, *in*-4. *fig. cart. Pap. Vél.*

310. Amusemens des Eaux de Spa, (par de Poellnitz.) *Amst.* 1752, 4 *vol. in*-12. *fig. v. m.*

311. Anecdotes de la cour d'Alphonse, onzième du nom, roi de Castille. *Paris*, 1756, 2 *vol. in*-12. *v. m.*

312. Les Aventures de Télémaque, par Fénelon. *Paris*, 1768, 2 *vol. in*-12. *fig. v. m.*

313. Les Aventures de Télémaque, par de Fénelon, pour l'éducation du Dauphin. *Paris, Didot*, 1784, 2 *vol. in*-8. *m. vert. Pap. Vél.*

314. Les Aventures de Télémaque, par de Fénelon. *Paris, Didot jeune*, 1785, 2 *vol. in*-4. *m. r. fig. de M. Tilliard, Pap. Vél.*

315. Les Aventures de Télémaque, par Fénelon. *Paris, de l'impr. de Didot l'aîné*, 1796, 4 *vol. in*-12. *cart. Pap. Vél. fig. avant la lettre.*

316. L'Aventurier français, ou Mémoires de Gré-

goire Merveille, (par Le Suire.). *Paris*, 1783, 10 *vol. in*-12. *v. f.*

317. Cela est singulier, histoire égyptienne, trad. par un rabin génois, (par Chévrier.) *A Babylone*, 1752, *in*-12. *m. r.*

318. Les Contemporaines, ou Aventures des plus jolies femmes de l'âge présent, par Rétif de la Bretonne. *Paris*, 1781, 42 *vol. in*-12. *bas.*

319. Le Danger des Circonstances, ou Lettres du chevalier de Joinville et de mademoiselle d'Arans. *Paris*, 1789, 4 *vol. in*-12. *bas.*

320. Délassemens de l'Homme sensible, ou Anecdotes diverses, par d'Arnaud. *Paris*, 1783, 12 *vol. in*-12. *bas.*

321. Desmond, ou l'Amant philantrope, trad. de l'angl. de Charlotte Smith. *Paris*, 1793, 4 *vol. in*-18. *bas.*

322. Les deux Mentors, ou Mémoires pour servir à l'histoire des Mœurs anglaises, du 18e siècle, trad. de l'anglais, (par de La Place.) *Paris*, 1784, 2 *tom. en* 1 *vol. in*-12. *v. éc.*

323. La duchesse de La Vallière, par mad. de Genlis. *Paris*, 1804, *in*-8. *bas.*

324. Emilie et Alphonse, par l'auteur d'Adèle de Senange, (madame de Flahaut.). *Paris*, 1799, 3 *vol. in*-12. *bas.*

325. Les Enfans de l'Abbaye, par mad. Roche, trad. de l'anglais. *Paris*, 1797, 6 *vol. in*-12. *bas.*

326. Histoire de Don Quichotte, trad. de l'espagnol de Cervantes. *Paris*, 1768, 6 *vol. in*-12. *v. m.*

327. Histoire d'Estevanille Gonzalez, par Le Sage. *Paris*, 1763, 2 *vol. in*-12. *v. m.*

328. Histoire de Gilblas de Santillane, par Le Sage. *Amst.* 1740, 4 *vol. in*-12. *fig. v. m.*

329. Histoire de Manon Lescaut et du chevalier des Grieux, par l'abbé Prévost. *Paris*, *Didot*

p.

318. Ret.

Chardin

avignon.

p.

p.

giroud.

chardin.

giroud. 326. N.

trubert.

tilliard. 328. De.

329. Du.

330. Bar.

tilliard.

le meme.

merlin

chardin

Labitte

tilliard.

chardin

Cotterel

l'aîné, 1797, 2 *vol. in*-12. *cart. Pap. Vél. fig. avant la lettre.*

330. Histoire de Marguerite de Valois, reine de Navarre, par mademoiselle de La Force. *Paris, de l'impr. de Didot*, 1783, 6 *vol. in*-12. *v. f.* = Histoire secrète de Bourgogne, par la même. *Paris, Didot*, 1782, 3 *vol. in*-12. *v. f.*

331. Histoire du petit Jéhan de Saintré, par de Tressan. *Paris*, 1791, *in*-18. *fig. v. f. Pap. Vél.*

332. Joseph, par Bitaubé. *Paris, de l'impr. de Didot l'aîné*, 1786, *in*-8. *fig. mar. vert. Pap. Vél.*

333. Les Journées amusantes, par mad. de Gomez. *Paris*, 1728, 8 *vol. in*-12. *v. b.*

334. L'Italien, ou le Confessionnal des Pénitens noirs, par Anne Radcliff, trad. de l'angl. *Paris*, 1797, 3 *vol. in*-12. *bas.*

335. Lettres de Ninon de Lenclos au marquis de Sévigné. *Amst.* 1768, 2 *vol. pet. in*-12. *v. éc.*

336. Lettres d'une Péruvienne, par mad. de Grafigny. *Paris, Didot*, 1797, 2 *vol. in*-12. *cart. Pap. Vél. fig. avant la lettre.*

337. Mémoires de Gaudentio di Lucca, trad. de l'italien. 1746, 2 *vol. in*-12. *bas.*

338. Mémoires de Versorand. *Amst.* 3 *vol. in*-12. *v. b.*

339. Mémoires du chevalier Hasard, trad. de l'anglais. *Cologne*, 1705, *in*-12. = Les Ecosseuses, ou les Œufs de Pâques. *Troyes*, 1739. = La Naissance de Clinquant, et de sa fille Mérope. 1744. = L'Emblème, ou le Guerluchon, hist. galante. *A Cythère*, 1744, *in*-12. *v. m.*

340. Mémoires en forme de Lettres de deux jeunes personnes de qualité. *Paris*, 1765, 4 *tom. en* 2 *vol. in*-12. *bas.* = Louise, ou la Chaumière dans les Marais, trad. de l'anglais. *Paris*, 1787, *in*-12. *bas.*

341. Le Monde moral, ou Mémoires pour servir

à l'histoire du cœur humain, (par l'abbé Prévost). *Genève*, 1760, 4 *vol. in*-12. *v. m.*

342. La Mouche, ou les Aventures de M. Bigand, trad. de l'italien, par le chev. de Mouhy. *Paris*, 1761, 4 *vol. in*-12. *v. m.*

343. Numa Pompilius, par Florian. *Paris, de l'impr. de Didot l'aîné*, 1786, *in*-8. *v. f.*

344. Oronoko, ou le Prince nègre, imité de l'anglais, par de La Place. *Paris*, 1769, *in*-12. *fig. v. éc.*

345. Paul et Virginie, par M. de Saint-Pierre. *Paris*, 1789, *in*-18. *fig. v. éc.* = La Chaumière indienne, par le même. *Paris*, 1791, *in*-18. *bas.*

346. La Paysanne pervertie, par Rétif de la Bretonne. 1785, 4 *vol. in*-12. *fig. bas.*

347. Le Philosophe parvenu, ou Aventures d'Eugène Sanspair, (par Le Suire.) *Paris*, 1787, 3 *vol. in*-12. *bas.*

348. Primerose, par M. Morel de Vindé. *Paris, Didot*, 1797, *in*-12. *cart. Pap. Vél. fig. avant la lettre.*

349. La Religieuse, par Diderot. *Paris*, 1796, 2 *vol. in*-18. *bas.* = Le Fou de Qualité, trad. de l'anglais. *Paris*, 1789, 2 *vol. in*-18. *bas.* = Passions du jeune Werther. *Paris*, 1793, *in*-18. *bas.*

350. Robinson Crusoé, imité de l'anglais, par Feutry. *Paris*, 1766, 2 *vol. in*-12. *v. m.*

351. Romans et Contes de Voltaire. *Bouillon*, 1778, 3 *vol. in*-12. *v. m.*

352. Saint-Flour et Justine, ou Histoire d'une jeune Française du XVIIIe siècle, (par de Ferrière). *Paris*, 1792, 2 *vol. in*-12. *bas.*

353. Tansai et Néadarné, histoire japonaise, (par Crébillon fils). *Pékin*, 1743, 2 *vol. in*-12. *fig. v. m.*

354. Tarsis et Zélie, (par le Vayer de Boutigny). *Paris*, 1774, 6 *vol. in*-8. *fig. v. éc.*

p.

girond.

p. 345. R.

chardin

cotterel.

tilliard.

349. Ret.

francart.

girond.

p.

353. Ret.

Serreau

Martin

La farge.

357. Ret.

p.

Desforges.

Serrean

chardin

Desforges.

p.

364. Du.

francart.

366. C.

367 par le marquis d'argens.

p.

355. Télèphe, (par Pechmeja). *Paris*, 1784, *in*-8. *v. m.* = Le Balai, poëme héroï-comique. *Constantinople*, 1761, *in*-12. *v. éc.*

356. Le Temple de Gnide, et Arsace et Isménie, par Montesquieu. *Paris*, 1794, *gr. in*-8. *fig. cart. Pap. Vél.*

357. La Vie du chevalier de Faublas, (par J. B. Louvet). *Paris*, 1796, 8 *vol. in*-18. *bas.*

358. La Vie et les Aventures de Ferdinand de Vertamont, et de Maurice son oncle, (par M. Boulard). *Paris, Boulard*, 1791, 3 *vol. in*-8. *bas.*

359. La Vie et les Aventures de Joseph Thompson, trad. de l'anglais. *Paris*, 1762, 3 *vol. in*-12. *v. f.*

360. La Vie et les Opinions de Tristram Shandy, trad. de l'anglais de Stern, par Frénais. *Londres*, 1784, 4 *vol. in*-18. *bas.*

361. Werther, trad. de l'allemand, par Sevelinges. *Paris*, 1804, *in*-8. *bas.*

362. Zélie dans le Désert, par mad. d'Aubenton. *Paris*, 1787, 2 *vol. in*-8. *v. m.*

Critique. Satires, Dissertations philologiques, etc.

363. Dictionnaire néologique, à l'usage des beaux esprits du siècle, avec l'Eloge historique de Pantalon Phoebus, (par l'abbé Desfontaines). 1726, *in*-12. *v. m.*

364. Le Chef-d'Œuvre d'un Inconnu, par le docteur Matanasius, (Thémiseul de Saint-Hyacinthe). *La Haye*, 1744, 2 *vol. in*-12. *v. m.*

365. Le Conte du Tonneau, trad. de l'anglais de Swift. *Lausanne*, 1756, 3 *vol. in*-12. *fig. v. m.*

366. Mémoires politiques, amusans et satiriques, (par M. Moreau de Brazey). *A Véritopolie*, 1735, 3 *vol. in*-12. *fig. v. f.*

367. Lettres d'un Sauvage dépaysé, contenant une

critique des mœurs du siècle, etc. *Amst.* 1738, *in-12. v. b.*

368. Les Sottises du Temps, ou Mémoires pour servir à l'histoire du genre humain. *La Haye,* 1754, 2 *tom. en* 1 *vol. in-12. bas.* = Le vicomte de Barjac, ou Mémoires pour servir à l'histoire de ce siècle. *Paris,* 1784, 2 *tom. en* 1 *vol. pet. in-12. bas.*

369. Tableau mouvant de Paris, par M. Nougaret. *Paris,* 1787, 3 *vol. in-12. bas.*

370. Recueil de diverses Pièces comiques, gaillardes, et amoureuses. *Suivant la copie impr. à Paris,* 1671, *in-12. v. m.*

371. Recueil de Pièces, savoir: la Doctrine amoureuse, ou le Catéchisme d'Amour. *Cologne,* 1714. = Sermon en faveur des Cocus. *Cologne,* 1714. = Sermon en l'honneur des Enfans de Bacchus. *Cologne,* 1714. = Les Pucelles à regret et à contre-cœur. 1710. = La Diseuse de bonne Aventure, nouvelle. = L'Accusation correcte du vrai Pénitent, par le P. Chaurend. *Paris,* 1680. = Eloge funèbre de Michel Morin. = Catéchisme des Normands. *In-12. m. r.*

372. L'Eloge de la Folie, trad. du latin d'Erasme, par Gueudeville. 1757, *in-12. fig. v. éc.*

373. L'Eloge de Rien, dédié à Personne, avec une postface, (par Coquelet). *Paris,* 1730, *in-12. v. f.*

374. Le Livre fait par force, ou le Mystificateur mystifié et corrigé, par un persiffleur persifflé. *A Mystificatopolis, chez Momus,* 1784, *in-8. v. éc.*

375. Histoire des Rats, pour servir à l'histoire universelle, (par de Sigrais). *A Ratopolis,* 1737, *in-8. v. m.*

376. L'Antidote d'Amour, avec un ample discours, contenant la nature et les causes d'iceluy, etc. par Jean Aubery. *Paris,* 1599, *in-12. v. f.*

p.

Desforges.

370. Ret. til. h^{t}

371. Ret. y.

tilliard. 372. til. p^{t} 50

francart. avec l'almanach du coeur, 373. y.

p.

Desforges.

trois tachi, et lale. 376. y. til. p^{t} [illegible] x^{t} 5[illegible]

francart.

p.

Desforges.

pelicier.
laloy.
blaise.

386. C. blaise.
387. D. nt blaise.
cottent.

merlin.
cottent.

377. L'Art de plumer la Poule sans crier. *Cologne*, 1710, *in*-12. *v. m.*

378. Mémoires hist. et galans de l'Académie de ces Dames et de ces Messieurs, rédigés par Ant. Mart. Vadé, (Ant. Marie Dantu.) *Paris*, 1776, *in*-12. *v. m.*

379. Polissoniana, ou Recueil de turlupinades, quolibets, etc. *Amst.* 1725, *in*-12. *v. b.*

380. Chevræana. *Paris*, 1697, *in*-12. *v. b.* = Scaligerana. *Colon. Agripp.* 1667, *in*-12. *v. b.*

381. Longueruana, ou Recueil de Pensées de Longuerue. *Berlin*, 1754, 2 *vol. in*-12. *bas.*

382. Le Conteur. 1784, *in*-12. *v. éc.*

Polygraphes.

383. Lucien, de la Traduction de Perrot d'Ablancourt. *Paris*, 1688, 3 *vol. in*-12. *v. f.*

384. Mélanges tirés d'une grande Bibliothèque, par M. de Paulmy. *Paris*, 1779, 72 *vol. in*-8. *v. m.*

385. Le Conservateur, ou Collection de morceaux rares, et d'ouvrages anciens élagués, et traduits, etc. *Paris*, 1756, 19 *vol. in*-12. *v. m.*

386. Le Conservateur, ou Bibliothèque choisie de littérature, de morale, et d'histoire. 1787, 2 *vol. in*-12. *v. éc.*

387. Variétés sérieuses et amusantes, (par Sablier). *Paris*, 1765, 4 *vol. in*-12. *v. m.*

388. Recueil de Pièces en prose et en vers, dont: Lettre de Voltaire à d'Alembert; Epître du même à m^lle^ Clairon; les Charmes de l'Etude, par Marmontel; la Reine de Golconde, etc. *In* 8. *v. m.*

389. Œuvres de Fr. de Salignac de la Mothe Fénelon. *Paris, Didot*, 1787, 9 *vol. in*-4. *br. Pap. Fin.*

390. Œuvres mêlées, en prose et en vers, de M. de

R. B. (de Rosel de Beaumont). *Amst.* 1722, *in*-12. *v. f.*

391. Œuvres de Fontenelle. *Londres*, (*Paris*, *Cazin*,) 1785, 4 *vol. in*-18. *bas.*

392. Œuvres de Bernard de la Monnoye. *Paris*, 1770, 2 *vol. in*-4. *v. m.*

393. Œuvres complètes de Montesquieu. *Paris*, *Pierre Didot l'aîné*, 1795, 12 *vol. in*-12. *m. r. Pap. Vél.*

394. Œuvres badines complètes du comte de Caylus. *Paris*, 1787, 12 *vol. in*-8. *fig. bas.*

396. Les Loisirs d'un Ministre, ou Essais dans le goût de ceux de Montaigne, (par M. d'Argenson.) *Liège*, 1787, 2 *tom. en* 1 *vol. in*-8. *v. éc.*

397. Recueil des Œuvres de madame du Boccage. *Lyon*, 1770, 3 *vol. in*-8. *bas.*

398. Nouveaux Mélanges de Littérature, d'Histoire, et de Philosophie, d'un Centenaire. 1769, *in*-8. *v. m.*

399. Œuvres complètes de J. J. Rousseau. *Paris*, 1788, 37 *vol. in*-8. *fig. v. éc.*

400. Les Impostures innocentes, ou les Opuscules de M. ***, (de Querlon.) *Magdebourg*, 1761, *pet. in*-12. *v. m.*

401. Œuvres complètes de madame Riccoboni. *Paris*, 1786, 8 *vol. in*-8. *fig. v. éc.*

402. Œuvres complètes d'Helvétius. *Paris*, *P. Didot l'aîné*, 1795, 14 *vol. in*-12. *m. r. Pap. Vél.*

403. Œuvres posthumes de Turgot. *Lausanne*, 1787, *in*-8. *v. éc.*

404. Opuscules poétiques et philologiques de Feutry. *Paris*, 1771, 2 *vol. in*-8. *v. m.*

405. Œuvres complètes de Condillac. *Paris*, 1798, 23 *vol. in*-8. *v. m.*

406. Mélanges de Littérature, d'Histoire, et de Philosophie, (par d'Alembert.) *Amst.* 1767, 5 *vol. in*-12. *v. m.*

L'oiseau
cottent.
laloy.

394. Dar.

avignon

398. C.

399. Du. Ret.

401. Dar.

402. Ret.

francart.
chailloux.
avignon 405. Ret.

Cotteret.

Cotteret.

Warée.

Duponcet

grégoire.

p.

414. Ret.

Desforges.

Laloy.

417. C.

407. Les Œuvres de Desmahis. *Paris*, 1778, 2 *vol. in-12. v. m.*

408. Œuvres diverses de Thomas. *Amst.* 1762, *in-8. v. m.*

409. Œuvres de Falbaire de Quingey. *Paris*, 1787, 2 *vol. in-8. v. rac.*

410. Œuvres de l'abbé Millot, savoir : Elémens d'Hist. ancienne. *Paris*, 1787, 4 *vol.* = d'Hist. moderne. 1787, 5 *vol.* = d'Hist. de France. 1787, 3 *vol.* = d'Hist. d'Angleterre. 1789, 3 *vol.* = Hist. littéraire des Troubadours. 1774, 3 *vol. en tout* 18 *vol. in-12. v. m.*

411. Œuvres de Florian. *Paris*, *de l'impr. de Didot*, 1784 *et années suiv.* 14 *vol. in-18. Pap. Vél. et Pap. ordin. v. f. et v. éc. fig.*

412. Œuvres posthumes de Rulhières. *Paris*, 1792, *in-12. bas.* = Histoire, ou Anecdotes sur la Révolution de Russie, en l'année 1762, par le même. *Paris*, 1797, *in-8. bas.*

413. Œuvres choisies de M. de Piis. *Paris*, 1810, 4 *vol. in-8. v. éc.*

414. Œuvres de Machiavel, trad. en français. *La Haye*, 1743, 6 *vol. in-12. v. m.*

415. Œuvres posthumes de Frédéric II, roi de Prusse. *Berlin*, 1788, 15 *tom. rel. en* 7 *vol. in-8. v. éc.*

416. Œuvres de Salomon Gessner, trad. de l'allemand. *Paris*, 1786, 3 *vol. in-4. v. porph. dent. fig. de M. Le Barbier.*

Dialogues, et Epistolaires.

417. Dialogo de Fortuna, di Ant. Phileremo Fregoso. *In Venetia*, 1523. = Opere diverse di And. Calmo. *In Trivigi*, 1600. = L'Alessi, con due Canzoni et altre rime di Gius. Betussi. *In Pavia*, 1553, *et altri Opuscoli, pet. in-8. v. f.*

418. Lettres choisies de Guy Patin. *La Haye*, 1715, 3 *vol. in*-12. *v. b.* = Nouvelles Lettres du même. *La Haye*, 1718, 2 *vol. in*-12. *v. b.* = L'Esprit de Guy Patin. *Amst.* 1709, *in*-12. *v. b.*

419. Lettres de Bayle, avec des remarques, par des Maizeaux. *Amst.* 1729, 3 *vol. in*-12. *v. b.*

420. Lettres de madame la duchesse de La Vallière, avec un Abrégé de sa Vie pénitente. *Paris*, 1767, *in*-12. *bas.*

421. Lettres de messire Roger de Rabutin, comte de Bussy. *Amst.* 1752, 6 *vol. in*-12. *v. m.*

422. Fragmens de Lettres originales de mad. Charlotte Elisabeth de Bavière, veuve de Monsieur. *Paris*, 1788, 2 *tom. en* 1 *vol. in*-12. *v. éc.* = Lettres de la marquise de Villars. *Paris*, 1759, *in*-12. *v. m.*

423. Correspondance de Voltaire, et du cardinal de Bernis, depuis 1761, jusqu'à 1777, publiée par Bourgoing. *Paris, l'an VII*, *in*-8. *v. éc.*

424. Lettres originales de Mirabeau, écrites du donjon de Vincennes, recueillies par Manuel. *Paris*, 1792, 4 *vol. in*-8. *bas.*

425. Correspondance littéraire adressée à l'Empereur de Russie, par La Harpe. *Paris*, 1801, 4 *vol. in*-8. *v. m.*

426. Lettres intéressantes du pape Clément XIV (Ganganelli,) trad. de l'ital. et du latin. *Paris*, 1776, 3 *vol. in*-12. *v. m.* = La Vie du pape Clément XIV. *Paris*, 1776, *in*-12. *v. m.*

427. Correspondance familière et amicale de Frédéric Second, avec M. de Suhm. *Amst.* 1787, 2 *tom. en* 1 *vol. in*-12. *v. éc.* = Frédéric le Grand, contenant des Anecdotes précieuses sur sa Vie, etc. *Amst.* 1785, *in*-18. *v. éc.*

428. Lettres cabalistiques, (par le marquis d'Argens.) *La Haye*, 1741, 6 *tom. rel. en* 3 *vol. in*-12. *v. m.*

Blaise. 418. D.

P.

Warie 420. Dar.

Mr charpentier

gregoire

tilliard. 424. Ret.

Colteret.

tilliard.

Mr charpentier. 428. Ret.

429. Ret.
430. Ret.

p.

Crazit.

433. R.

Serreau.

435. De. mal conditionné.

payant.
payant.

437. R.

D'aubigny.
payant.
de Beaurieau

429. Lettres chinoises, (par le marquis d'Argens.) *La Haye*, 1756, 6 *vol. in*-12. *v. m.*

430. Lettres juives, (par le marquis d'Argens.) *La Haye*, 1764, 8 *vol. pet. in*-12. *v. m.*

431. Lettres iroquoises, (par Maubert.) 1752, 2 *tom. en* 1 *vol. in*-12. *v. éc.*

HISTOIRE.

Introduction à l'étude de l'Histoire, et Géographie.

432. Lettres sur l'Histoire, par Bolingbroke, trad. de l'angl. 1752, 2 *vol. pet. in*-8. *v. f.*

433. L'Esprit de l'Histoire, par Ferrand. *Paris*, 1802, 4 *vol. in*-8. *v. m.*

434. Méthode pour étudier la Géographie, par Lenglet Dufresnoy. *Paris*, 1742, 7 *tom. rel. en* 8 *vol. in*-12. *v. b.*

435. Géographie moderne, par Nicolle de la Croix. *Paris*, 1777, 2 *vol. in*-12. *v. m.*

436. Description de l'Univers, par Manesson-Mallet. *Paris*, 1683, 5 *vol. in*-8. *fig. v. f.*

437. Atlas compendiarius, auct. Homanno. *Norimbergæ*, 1752, *in-fol. cuir de Russie, fig. coloriées.*

438. Atlas de Géographie et d'Histoire, par Buy de Mornas. *Paris*, 1761, 4 *vol. in-fol. v. m.*

439. Dictionnaire géographique et historique, par Baudrand. *Paris*, 1705, *in-fol. v. b.*

440. Dictionnaire géographique et historique, par la Martinière. *Paris*, 1768, 6 *vol. in-fol. v. m.*

Collections de Voyages, et Voyages autour du Monde.

441. Relations de divers Voyages curieux, par Thévenot. *Paris*, 1663, 2 *vol. in-fol. fig. v. b.*

442. Le Voyageur français, par de la Porte. *Paris*, 1772, 42 *vol. in-12. et atlas in-8. v. m.*

443. Recueil amusant de Voyages en vers et en prose. *Paris*, 1783, 6 *vol. pet. in-12. v. m.*

444. Voyage autour du Monde, par G. Anson, trad. de l'anglais. *Paris*, 1764, 5 *vol. in-12. fig. v. j.*

445. Voyage autour du Monde, en 1766, jusqu'en 1769, par M. de Bougainville. *Paris*, 1772, 3 *vol. in-8. fig. v. j.*

446. Les trois Voyages du capitaine Cook, trad. de l'anglais. *Paris*, 1774, 22 *vol. in-8. fig. v. m.*

447. Voyage au Cap de Bonne-Espérance, et autour du Monde, par Sparrman. *Paris*, 1787, 3 *vol. in-8. fig. v. éc.*

Voyages en différentes parties du Monde.

448. Voyages en Europe, en Asie, et en Afrique, depuis 1777 jusqu'en 1781, par Makintosh, trad. de l'angl. *Paris*, 1786, 2 *vol. in-8. v. m.*

449. Voyage de Dalmatie, de Grèce, et du Levant, par G. Wheler. *Amst.* 1692, 2 *vol. in-12. fig. v. b.*

450. Lettres sur l'Egypte et sur la Grèce, par Savary. *Paris*, 1785 *et* 1788, 4 *vol. in-8. v. éc.*

451. Voyage en Syrie et en Egypte, en 1783, 1784 et 1785, par M. Volney. *Paris*, 1787, 2 *vol. in-8. fig. v. éc.*

pierre.
avignon
payant.
chardin
Serreau

payant. 446. R.

p.

tilliard.
la bitte-
pierre

giroud.

Merlin

455. De. le tome 1er tache   crozet.

p.

pierre.

p.

giroud.

Chardin

Loiseau

Voyages en Europe.

452. Voyage de France, d'Espagne, de Portugal, et d'Italie, par S. (de Silhouette.) *Paris*, 1770, 2 *vol. pet. in*-8. *bas.*

453. Voyage de Swinburne, dans les Deux Siciles et en Espagne, trad. de l'anglais. *Paris*, 1785 *et* 1787, 5 *vol. in*-8. *v. f. Gr. Pap.*

454. Mémoires du chev. de Beaujeu, contenant ses divers voyages en Pologne, Allemagne, Hongrie, etc. depuis l'année 1679. *Amsterd.* 1700, *in*-12. *v. f.*

455. Voyage en Russie, Suède, Danemarck, par Will. Coxe, trad. de l'anglais, par Mallet. *Genève*, 1786, 4 *vol. in*-8. *fig. v. éc.*

456. Voyage en Italie, par Duclos. *Paris*, 1791, *in*-8. *v. m.*

457. Voyage pittoresque, ou Description des royaumes de Naples et de Sicile (par Richard de Saint-Non.) *Paris*, 1781, 5 *vol. in-fol. fig. v. m.*

458. Voyage en Sicile et à Malthe, en 1770, par Brydone, trad. de l'anglais. *Amst.* 1776, 2 *vol. in*-12. *v. m.*

459. Voyages en France pendant les années 1787 à 1790, par Arthur Young, trad. de l'anglais. *Paris*, 1793, 3 *vol. in*-8. *v. m.*

460. Voyage à Barège, et dans les hautes Pyrénées, fait en 1788, par Dusaulx. *Paris*, 1796, 2 *vol. in*-8. *v. m.*

461. Description historique et topographique de la grande route de Paris à Reims, par D. Coutans. *Paris*, 1775, *in*-4. *fig. br.*

462. Lettres de William Coxe, sur la Suisse, trad. de l'anglais. *Paris*, 1781, 2 *vol. in*-8. *v. éc.* = Voyage en Suisse par le même, trad. de l'angl. *Paris*, 1790, 3 *vol. in*-8. *fig. v. éc.*

463. Voyage historique et littéraire dans la Suisse occidentale, (par Sinner.) *Neuchâtel*, 1781, 2 *vol. in*-8. *v. m.*

464. Voyage en Espagne, par de Langle. *Paris*, 1796, *in*-8. *v. m.*

465. Voyage philosophique d'Angleterre, fait en 1783 et 1784. *Londres*, 1786, 2 *tom. rel. en* 1 *vol. in*-8. *v. éc.*

466. Voyages aux Montagnes d'Ecosse, et aux isles Hébrides, trad. de l'anglais. *Paris*, 1785, 2 *vol. in*-8. *v. éc.*

467. Voyage littéraire de la Grèce, par Guys. *Paris*, 1771, 2 *vol. in*-12. *v. f.*

468. Voyage pittoresque de la Grèce, (par M. de Choiseul-Gouffier.) *Paris*, 1782, *in-fol. fig. v. m. le tome* 1er.

Voyages en Asie, etc. et Voyages imaginaires.

469. Voyages dans l'isle de Chypre, la Syrie et la Palestine, par l'abbé Mariti. *Paris*, 1791, 2 *vol. in*-8. *v. m.*

470. Voyages de Dellon, avec sa Relation de l'Inquisition de Goa. *Cologne*, 1709, 3 *vol. in*-12. *fig. v. b.*

471. Voyage dans l'intérieur de la Chine et en Tartarie fait en 1792, 1793 et 1794, par lord Macartney, trad. de l'anglais. *Paris*, 1804, 5 *vol. in*-8. *et atlas*, *in*-4. *bas.*

472. Anciennes Relations des Indes et de la Chine, de deux voyageurs mahométans, qui y allèrent dans le IXe siècle, trad. de l'arabe, (par Renaudot.) *Paris*, 1718, *in*-8. *v. m.*

473. Journal du Voyage de Siam, fait en 1685 et 1686, par l'abbé de Choisy. *Paris*, 1687, *in*-12. *v. b.*

474. Voyage dans l'intérieur de l'Afrique, com-

Serreau

464. De.

gregoire.

p.
laloy. avec trois volumes.

Desforges.

pichard.

Bedan. avec le voyage de Barrow 3 vol. meme vol.

francart.

tilliard. 473. Y. tohave.

p.

Crozet.

garnier Duchem.

479. L. Dar. y.

p.

p.

avec trois [illegible]. p.

Lécrivain.

486. N.

mencé en 1781, et fini en 1797, par Damberger. trad. de l'allemand. *Paris, an IX*, 2 *vol. in*-8. *fig. bas.*

475. Voyage du chevalier de Chastellux en Amérique. 1785, *in*-8. *bas.*

476. Voyage dans les Etats-Unis de l'Amérique, fait en 1784, par Smith, trad. de l'angl. *Paris*, 1791, 2 *tom. en* 1 *vol. in*-8. *v. m.* 2--25.

477. Voyage dans les Etats-Unis de l'Amérique septentrionale, fait en 1788, par Brissot. *Paris*, 1791, 3 *vol. in*-8. *v. m.* 4--50.

478. Voyage du gouverneur Phillip à Botany-Bay, trad. de l'angl. *Paris*, 1791, *in*-8. *bas.* 7.

479. Voyages de Gulliver. *Paris, de l'impr. de Didot l'aîné*, 1797, 4 *vol. in*-12. *cart. Pap. Vél. fig. avant la lettre.* 26--5. 8

480. Histoire des Sevarambes, (par Vairasse.) *Amst.* 1716, 2 *vol. in*-12. *fig. v. m.*

481. Voyages et Aventures de Jacques Massé. *Bordeaux*, 1710, *in*-12. *v. m.* = Les Aventures de Jacq. Sadeur, dans la découverte et le voyage de la terre australe. *Amst.* 1732, *in*-12. *v. m.* 2.

482. Voyages du baron de la Hontan dans l'Amérique septentrionale. *Amst.* 1728, 3 *vol. in*-12. *fig. v. b.*

483. Voyage de Nic. Klimius dans le Monde souterrain, trad. du latin. *Copenhague*, 1741, *in*-12. *fig. v. m.* 2--80.

484. Le Voyageur philosophe dans un pays inconnu aux habitans de la terre, par de Listonai. *Amst.* 1761, 2 *vol. in*-12. *bas.* 2--65.

Chronologie, et Histoire universelle.

485. L'Art de vérifier les Dates des faits historiques, des chartes, etc. *Paris*, 1770, *in-fol. v. éc.* 24.

486. Tablettes chronologiques de l'Histoire uni- 5--60.

verselle, par Lenglet Dufresnoy. *Paris*, 1763, 2 *vol. pet. in-8. v. m.*

487. Essai sur l'Histoire chronologique de plus de 80 peuples de l'antiquité, par J. B. de la Borde. *Paris, Didot*, 1788, 2 *vol. in-4. br. Pap. Vél.*

488. Discours sur l'Histoire universelle, par Bossuet. *Paris*, 1739, 2 *vol. in-12. v. j.*

489. Discours sur l'Histoire universelle, par J. B. Bossuet, pour l'éducation du Dauphin. *Paris, Didot*, 1784, *in-4. br. Pap. Vél.*

490. Histoire du Monde, par Chevreau. *Paris*, 1717, 8 *vol. in-12. v. b.*

491. Introduction à l'Histoire de l'Univers, par Pufendorff. *Amst.* 1743, 7 *vol. in-12. fig. v. j.*

492. Précis de l'Histoire universelle, par Anquetil. *Paris, l'an VII*, 9 *vol. in-12. v. m.*

493. Abrégé de l'Histoire universelle en figures, gravées par Duflos, avec des explications par Vauvilliers. *Paris*, 1785, 5 *vol. in-8. v. rac. dent.*

494. L'Esprit des Nations, (par d'Espiard.) *La Haye*, 1753, 2 *vol. in-12. v. j.*

495. Tableau philosophique du Genre humain, depuis l'origine du monde jusqu'à Constantin, (par Bordes.) *Londres*, 1767, *in-12. v. éc.*

496. Choix d'Anecdotes anciennes et modernes. *Paris*, 1804, 4 *vol. in-18. bas.*

497. Anecdotes historiques, militaires et politiques de l'Europe, par Raynal. *Amst.* 1753, 2 *vol. in-8. v. m.*

498. Histoire des Conjurations, Conspirations, et Révolutions célèbres, tant anciennes que modernes, par Duport du Tertre. *Paris*, 1754, 10 *vol. in-12. v. m.*

499. L'Ombre errante, rêve historique qui embrasse tout ce qui s'est passé d'intéressant depuis Pharamond jusqu'à Louis XVI. 1777, 2 *part. en* 1 *vol. in-12. v. éc.*

chardin

488. N.

avec 2 portraits de bonnet. 489. Y. 200[+]

l'ecrivain

492. N.

493. R.

p.

p.

p.

l'ecrivain.

499. C.

Mr Charpentier.

garnier duchaine.

nozeran

503. elle.

504. Me.

Waric l'ainé

Desforges.

nozeran

510. y. he+ fro. he+ fournier j.

le meme

500. Histoire des Croisades, pour la délivrance de la Terre-Sainte, par le P. Maimbourg. *Paris*, 1682, 4 *vol. pet. in-12. v. f.*

501. Histoire du XVIe siècle, par Durand. *La Haye*, 1734, 4 *vol. in-12. v. b.*

502. Spectacle historique, représentant les Evénemens les plus remarquables des 16e et 17e siècles, par Godefroy. *Paris*, 2 *cahiers gr. in-fol. fig. br.*

503. Histoire politique des grandes querelles entre Charles V et François Ier, (par Goezmann.) *Paris*, 1777, 2 *vol. in-8. v. éc.*

504. Mémoires pour servir à l'Histoire, depuis 1596, jusqu'en 1636, tirés du cabinet de Léon du Chastelier Barlot. *Fontenay*, 1643, *in-4. v. m.*

505. Histoire universelle de Jacques Auguste de Thou, trad. en français. *Londres*, 1734, 16 *vol. in-4. v. m.*

506. Mercure de Vittorio Siri, trad. de l'italien, par Requier. *Paris*, 1756, 18 *vol. in-12. v. f.* = Mémoires secrets tirés des Archives des souverains de l'Europe, depuis le règne de Henri IV, trad. de l'ital. *Amst.* 1765, 39 *vol. in-12. v. f.*

507. Histoire du Traité de Westphalie, par le P. Bougeant. *Paris*, 1744, 6 *vol. in-12. v. m.*

508. Mémoires de Ch. L. baron de Pollnitz, contenant les observations qu'il a faites dans ses voyages, et le caractère des personnes qui composent les principales cours de l'Europe. *Londres*, 1735, 4 *tom. rel. en* 2 *vol. in-12. v. b.*

509. Politique de tous les Cabinets de l'Europe, pendant les règnes de Louis XV et de Louis XVI, par M. de Ségur. *Paris*, 1801, 3 *vol. in-8. bas.*

510. Mémoires secrets pour servir à l'histoire de la république des Lettres en France, par de Bachaumont. *Londres*, 1777, 36 *vol. in-12. v. éc.*

511. L'Observateur anglais, ou Correspondance

secrète, entre mylord All'eye, et mylord All'ear, (par Pidansat de Mairobert.) *Londres*, 1777, 10 *vol. in*-12. *v. éc.*

512. Correspondance secrète, politique et littéraire, ou Mémoires pour servir à l'hist. des cours et de la littérature en France, depuis la mort de Louis XV, (rédigée par Metra.) *Londres*, 1787, 16 *vol. in*-12. *v. éc.*

513. Histoire de la dernière guerre, entre la Grande-Bretagne, l'Amérique, la France, etc. (par Boucher.) *Paris*, 1787, *in*-4. *fig. v. éc.*

514. Tableau historique et politique de l'Europe, depuis 1786, jusqu'en 1796, par M. de Ségur. *Paris*, 1801, 3 *vol. in*-8. *v. m.*

515. Tableau spéculatif de l'Europe, par Dumouriez. *Hambourg*, 1798, *in*-8. *bas.*

516. Costumes civils de tous les peuples connus, dessinés d'après nature, avec des explications, par Sylvain Maréchal. *Paris*, 1788, 4 *vol. in*-4. *v. éc. fig. coloriées.*

Histoire ecclésiastique. Histoire des Conciles, des Papes, etc.

517. Histoire du peuple de Dieu, par le P. Berruyer. *Paris*, 1738, 12 *vol. in*-4. *bas.*

518. Histoire ecclésiastique, par Fleury. *Paris*, 1750, 36 *vol. in*-4. *v. m.*

519. Abrégé de l'Histoire ecclésiastique de Fleury, par Racine. *Cologne*, 1752, 16 *vol. in*-12. *v. b.*

520. Histoire du Concile de Pise, par Jacq. Lenfant. *Utrecht*, 1731, 2 *vol. in*-4. *fig. v. b.* = Hist. du Concile de Basle, par le même. *Utrecht*, 1731, 2 *vol. in*-4. *fig. v. b.* = Hist. du Concile de Constance, par le même. *Amst.* 1714, 2 *tom. en* 1 *vol. in*-4. *fig. v. m.*

521. Histoire du Concile de Trente, par Fra Paolo

Mr Charpentier.

512. fro. mo[t]

Cotterel

p.

Cotterel

Megnignon jr.
fabre.
p.

p.

523. R. y.

p.

Mr charpentier.

chardin

Serrean

526. y.

gregoire.

francart.

le meme

pichard.

Blaise.

le meme

Sarpi, trad. par Amelot de la Houssaie. *Amst.* 1686, *in-4. v. b.*

522. Histoire du Concile de Trente, trad. de l'ital. de Fra Paolo Sàrpi, par Le Courayer. *Amst.* 1736, 2 *vol. in-4. v. f.*

523. Histoire abrégée des Papes, depuis Saint-Pierre, jusqu'à Clément XIV, (par Alletz.) *Paris*, 1776, 2 *vol. in-12. v. j.*

524. Histoire de la Papesse Jeanne, trad. du latin de Spanheim. *La Haye*, 1738, 2 *vol. in-12. fig. v. éc.*

525. La Vie du Pape Alexandre VI, et de son fils César Borgia, par Alex. Gordon, trad. de l'anglais. *Amst.* 1732, 2 *vol. in-12. v. f.*

526. La Vie du Pape Sixte Quint, trad. de l'ital. de Gregorio Leti. *Paris*, 1758, 2 *vol. in-12. v. m.*

527. Histoire du Pontificat de Paul V, (par l'abbé Goujet.) *Amst.* 1765, 2 *vol. in-12. v. j.*

528. Histoire des Conclaves, depuis Clément V, jusqu'à présent, (par de Huissen.) *Cologne*, 1703, 2 *vol. in-12. fig. m. cit.*

529. L'Etat du Siége de Rome, dès le commencement du siècle, jusqu'à présent. *Cologne*, 1707, 3 *vol. in-12. v. f.*

Histoire des Ordres monastiques. Histoire des Religions, Sectes, etc.

530. Histoire des Ordres monastiques, religieux et militaires, par le P. Helyot. *Paris*, 1721, 8 *vol. in-4. fig. v. b.*

531. L'Alcoran des Cordeliers, en latin et en français, avec la légende dorée. *Amst.* 1734, 3 *vol. in-12. fig. de Bern. Picart, v. f.*

532. Les Aventures de la Madona et de François d'Assise, par Renoult. *Amst.* 1745, *in-12. fig. v. éc.*

533. Histoire de dom Inigo de Guipuscoa, chevalier de la Vierge, par Rasiel de Selva. *La Haye*, 1738, 2 *vol. in*-12. *v. f.*

534. Lucii Corn. Europæi Monarchia solipsorum. *Venetiis*, 1645, *in*-12. *v. f.*

535. Nic. Gurtleri Historia templariorum. *Amst.* 1691, *in*-12. *v. b.* = Histoire des trois Ordres religieux et militaires des Templiers, teutons, hospitaliers ou chevaliers de Malthe, (par Roux.) *Paris*, 1725, 2 *vol. in*-12. *v. b.*

536. Histoire de la condamnation des Templiers, par Dupuy. *Bruxelles*, 1713, 2 *vol. in*-12. *v. b.*

537. Histoire de Malthe, par de Vertot. *Paris*, 1761, 7 *vol. in*-12. *v. m.*

538. Histoire de l'ordre du Saint-Esprit, par de Saint-Foix. *Paris*, 1775, 2 *vol. in*-12. *v. m.*

539. Histoire générale des cérémonies, mœurs et coutumes religieuses de tous les peuples du monde, représentées en figures dessinées par B. Picart, avec des explications par Banier et le Mascrier. *Paris*, 1741, 7 *vol.* = Supplément aux cérémonies religieuses, et superstitions anciennes et modernes. *Amst. J. Fr. Bernard*, 1733, 4 *vol. in-fol. fig. en tout* 11 *vol. in-fol. v. f. reliure uniforme, Gr. Pap.*

540. Histoire des Religions de tous les royaumes du Monde, par Jovet. *Paris*, 1697, 3 *vol. in*-12. *v. b.*

541. Histoire critique des Dogmes et des Cultes, qui ont été dans l'église depuis Adam jusqu'à Jésus-Christ, par Jurieu. *Amst.* 1704, *in*-4. *fig. v. m.*

542. Histoire des Flagellans, trad. du latin de l'abbé Boileau. *Amst.* 1701, *in*-12. *v. f.* = Critique de l'histoire des Flagellans, par Thiers. *Paris*, 1703, *in*-12. *v. f.*

543. La vérité des Miracles opérés par l'intercession

533. elle.

Chardin

536. S.

537. R.

p.

pichard.

p.

girard.

Merlin

pierre.

Marie l'ainé

tilliard.

548. R.
549. R.

Serreau

tilliard.

le meme

p.

tilliard.

Lecrivain

de M. Paris, par de Montgeron. *Utrecht*, 1737, 2 *vol. in-4. fig. v. m.*

544. Relation de l'inquisition de Goa, (par Dellon.) *Paris*, 1688, *in-12. fig. v. b.*

Histoire des Juifs, et Histoire grecque, etc.

545. Histoire des Juifs, par Flavius Joseph, trad. du grec, par Arnauld d'Andilly. *Paris*, 1696, 5 *vol. in-12. v. b.*

546. Histoire des Juifs, et des peuples voisins, par Prideaux, trad. de l'anglais. *Amst.* 1726, 7 *vol. in-12. fig. v. b.*

547. La Monarchie des Hébreux, par le marquis de Saint-Philippe, trad. de l'espagnol. *Paris*, 1726, 4 *vol. in-12. v. éc.*

548. Histoire ancienne, par Rollin. *Paris*, 1731, 14 *vol. in-12. v. b.*

549. Voyage du jeune Anacharsis en Grèce, par l'abbé Barthélemy. *Paris*, 1788, 7 *vol. in-8. et atlas in-4. v. éc.*

550. Voyages d'Antenor en Grèce et en Asie, par Lantier. *Paris*, *l'an VI*, 3 *vol. in-8. bas.*

551. Les histoires d'Hérodote, trad. du grec, par du Ryer. *Paris*, 1713, 3 *vol. in-12. m. r.*

552. L'Histoire de Thucydide, trad. du grec, par Perrot d'Ablancourt. *Paris*, 1714, 3 *vol. in-12. v. b.*

Histoire romaine et du Bas-Empire.

553. Caii Crispi Sallustii Opera. *Glasguæ*, *Foulis*, 1777, *in-12 bas.*

554. Œuvres de Salluste, en latin et en français, trad. par M. le Brun. *Paris*, 1809, 2 *vol. in-8. v. éc.*

555. Les Commentaires de César, trad. par Perrot d'Ablancourt. *Paris*, 1658, *in-4. fig. m. r.*

556. Tacite, trad. en français, par Dureau de la Malle. *Paris*, 1790, 3 *vol. in*-8. *bas.*

557. Les douze Césars de Suétone, en latin et en français, trad. par La Harpe. *Paris*, 1770, 2 *vol. in*-8. *v. m.*

558. Eutropius, et Aurelius Victor, ex recens. et cum not. Tanaq. Fabri. *Salmurii*, 1672, *in*-12. *m. r. dent. doub. de m. r. dent.*

559. Histoire romaine, trad. de l'anglais de Laurent Echard. *Paris*, 1734, 16 *vol. in*-12. *v. b.*

560. Histoire romaine, par Rollin. *Paris*, 1748, 16 *vol. in*-12. *v. m.*

561. Elémens de l'Histoire romaine, par M. Mentelle. *Paris*, 1773, 2 *vol. in*-12. *v. m.*

562. Histoire des Révolutions romaines, par de Vertot. *Paris*, 1752, 3 *vol. in*-12. *v. m.*

563. Histoire des Révolutions de l'Empire romain, par Linguet. *Liége*, 1777, 2 *vol. in*-12. *v. éc.*

564. Figures de l'Histoire de la République romaine, avec des explications par de Mirys. *Paris*, *l'an* VIII, *in*-4. *fig. v. f.*

565. Histoire des Empereurs, par le Nain de Tillemont. *Paris*, 1720, 6 *vol. in*-4. *v. m.*

566. Abrégé chronologique de l'Histoire des Empereurs. *Paris*, 1754, 2 *vol. in*-8. *v. m.*

567. Histoire des Empereurs romains, par Crevier. *Paris*, 1749, 12 *vol. in*-12. *v. m.*

568. Histoire du Bas-Empire, par le Beau et Ameilhon. *Paris*, 1757, 26 *vol. in*-12. *v. f.*

569. Vie de l'empereur Julien, par de la Bleterie. *Paris*, 1746, *in*-12. *fig. v. m.* = Histoire de l'empereur Jovien, par le même. *Paris*, 1748, 2 *vol. in*-12. *bas.*

570. Histoire de Théodose-le-Grand, par Fléchier. *Paris*, 1749, *in*-12. *v. m.*

tilliard.

557. elle.

warée l'ainé.

warée. 560. N.

warée 562. N.

francart.

mequignon j^r.

La bitte

567. N.

cailleau 568. N.

le meme

p.

girard.

573. manque le tome 10. - - - - - Martin

Chardin

Cottere.

Chardin

pierre.

tilliard.

p.

Chardin

HISTOIRE MODERNE.

Histoire d'Italie.

571. Description historique et critique de l'Italie, par l'abbé Richard. *Paris*, 1766, 6 *vol. in*-12. *v. m.*

572. Nouveaux Mémoires, ou Observations sur l'Italie, et sur les italiens, (par Grosley.) *Londres*, 1764, 3 *vol. in*-12. *v. m.*

573. Histoire de la république de Venise, par Laugier. *Paris*, 1759, 12 *vol. in*-12. *v. m.*

574. Histoire des rois des Deux-Siciles, de la maison de France, par d'Egly. *Paris*, 1741, 4 *vol. in*-12. *v. j.*

575. Les Mémoires du duc de Guise, contenant son entreprise sur le royaume de Naples. *Cologne*, 1668, 2 *tom. en* 1 *vol. pet. in*-12. *v. m.*

576. Histoire de Florence, par Machiavel, trad. de l'ital. *Amst.* 1694, 2 *vol. in*-12. *v. b.*

577. Histoire des révolutions de Gênes, depuis son établissement jusqu'à la paix de 1748, (par de Brequigny.) *Paris*, 1752, 3 *vol. in*-12. *v. m.*

HISTOIRE DE FRANCE.

Topographie de la France. Histoire ancienne des Gaules, etc.

578. Description hist. et géographique de la France ancienne et moderne, (par de Longuerue.) 1722, *in-fol. v. m. avec les cartes coloriées.*

579. Description générale et particulière de la France, (par J. B. de la Borde.) *Paris*, 1781, 12 *vol. in-fol. fig. v. f.*

580. Le royaume de France, et les Etats de Lorraine, par ordre alphabétique, par Doisy. *Paris*, 1745, *in*-4. *v. b.*

581. Etat de la France, par le comte de Boulainvilliers. *Londres*, 1737, 6 *vol. in*-12. *v. f.*

582. Dissertations sur l'origine des Francs. *Paris*, 1748, *in*-12. *v. m.* = Usages et Mœurs des Français, par Poullin de Lumina. *Paris*, 1769, *in*-12. *v. m.*

583. Histoire de l'origine et des progrès de la Monarchie française, par Guill. Marcel. *Paris*, 1686, 4 *vol. in*-12. *fig. v. b.*

584. Histoire critique de l'établissement de la Monarchie française dans les Gaules, par Dubos. *Paris*, 1734, 3 *vol. in*-4. *bas.*

585. Histoire critique de l'établissement des Bretons dans les Gaules, par de Vertot. *Paris*, 1730, 2 *vol. in*-12. *v. m.* = Histoire de la réunion de la Bretagne à la France, par l'abbé Irail. *Paris*, 1764, *in*-12. *v. m.*

586. Les Antiquités gauloises et françaises, par Cl. Fauchet. *Paris*, 1599. = Fleur de la Maison de Charlemagne, par le même. *Paris*, 1601. = Déclin de cette Maison, par le même. *Paris*, 1602. = Origine des Dignités et Magistrats de France, par le même. *Paris*, 1606, 4 *vol. in*-8. *m. r.*

Histoire générale de France, etc.

587. Histoire de France, par Mézeray. *Paris*, *Guillemot*, 1643, 3 *vol. in-fol. v. b.*

Exemplaire dans lequel se trouvent le frontispice et la préface du règne de Henri IV.

588. Histoire de France avant Clovis, par Mézeray. *Amst.* 1696, *in*-12. *v. j.* = Abrégé chronologique de l'Histoire de France, par le même. *Amst.* 1696, 6 *vol. in*-12. *fig. v. b.*

589. Abrégé de l'Histoire de France, par Bossuet. *Paris* 1747, 4 *vol. in*-12. *bas.*

Cotterel

p.

Warie

p.

Charpentier.

gâté

p. rappareillé et mal conditionné.

D'aubigny

Rozeran

p.

Brunard.

pierre.

595.05.

giroud.

Crozet.

chardin

merlin

Dalbigny

590. Histoire de France par le P. Daniel. *Paris*, 1722, 7 *vol. in-4. v. b. Gr. Pap.*

591. Abrégé chronologique de l'Histoire de France, par le comte de Boulainvilliers. *La Haye*, 1733, 3 *vol. in-12. v. f.*

592. Réflexions sur l'Histoire de France, par le comte de Boulainvilliers. 2 *vol. in-4. v. b. l. r.* Manuscrit sur papier.

593. Abrégé chronologique de l'Histoire de France, par le président Hénault. *Paris*, 1761, 2 *vol. pet. in-8. v. m.*

594. Histoire de France avant Clovis, par Laureau. *Paris*, 1786, *in-12. fig. v. f. Pap. Vél.* = Histoire de France de Velly, Villaret et Garnier. *Paris*, 1757, 30 *vol. in-12. v. m.*

595. Histoire de France depuis les Gaulois jusqu'à la fin de la monarchie, par Anquetil. *Paris*, 1805, 14 *vol. in-12. v. j.*

596. Histoire du Patriotisme français, ou Nouvelle Histoire de France, par Rossel. *Paris*, 1769, 6 *vol. in-12. v. m.*

597. Recueil de divers Ecrits, pour servir d'éclaircissemens à l'Histoire de France, par l'abbé Le Beuf. *Paris*, 1738, 2 *vol. in-12. v. j.*

598. Histoire des Révolutions de France, par de la Hode, (de la Mothe). *La Haye*, 1738, *in-4. v. m.*

599. Histoire des Guerres civiles de France, trad. de l'italien de Davila. *Amst.* 1754, 3 *vol. in-4. v. m.*

600. Pièces fugitives pour servir à l'Histoire de France, (publiées par d'Aubais et Ménard). *Paris*, 1759, 3 *vol. in-4. v. m.*

601. Anecdotes françaises, depuis l'établissement de la monarchie jusqu'au règne de Louis XV, (par Bertoux). *Paris*, 1768, 2 *vol. in 12. v. m.*

602. Observations sur l'Histoire de France, par Mably. *Kehl*, 1788, 4 *vol. in-12. v. m.*

603. Figures de l'Histoire de France, dessinées par M. Moreau le jeune. *In-4. dans un porte-feuille.*

Histoire particulière des Rois de France, jusqu'à François Ier.

604. Tablettes anecdotes et historiques des Rois de France, (par Dreux du Radier). *Paris*, 1759, 2 *vol. pet. in-12. v. m.*

605. Portraits des Rois de France, par M. Mercier. *Neufchâtel*, 1783, 4 *vol. in-8. v. éc.*

606. Histoire du règne de Charlemagne, par de la Bruère. *Paris*, 1745, 2 *tom. en* 1 *vol. in-8. v. m.*

607. Histoire d'Eléonor de Guyenne, duchesse d'Aquitaine, (par de Larrey). *Paris*, 1788, *in-8. v. rac.*

608. Histoire de Suger, abbé de Saint-Denys, (par dom Gervaise). *Paris*, 1721, 3 *vol. in-12. mar. vert.*

609. Histoire de France sous les règnes de Saint Louis, de Philippe de Valois, etc. par l'abbé de Choisy. *Paris*, 1750, 4 *vol. in-12. v. m.*

610. Histoire de Saint Louis, par de Bury. *Paris*, 1775, 2 *vol. in-12. v. m.*

611. Mémoires de Jean sire de Joinville. *Paris*, 1666, *in-12. m. r.*

612. Histoire et Règne de Charles VI, par mlle de Lussan. *Paris*, 1753, 9 *vol. in-12. v. m.*

613. Mémoires pour servir à l'Histoire de France et de Bourgogne, contenant un Journal de Paris sous les règnes de Charles VI et de Charles VII. *Paris*, 1729, *in-4. v. m.*

614. Histoire de Bertrand Duguesclin, par Guyard de Berville. *Paris*, 1772, 2 *vol. in-12. v. m.*

615. Histoire de Charles VII, publiée par Denis

D'aubigny.
laloy. manque le discours. 603. Y. cheap.

604. N.

warie

chardin

608. L. j.t

merlin

labitte

chardin

charpentier. 612. Bar.

chardin

charpentier. 614. J.

616. j.

Desforges.

618. Dar.

Duponcet.

620. R, y. mot

621. Dar.

La Sitte.

623. Me.

Giroud.

Godefroy. *Paris, impr. royale,* 1661, *in-fol. v. b.* = Histoire de Charles VIII, par le même. *Paris, impr. roy.* 1684, *in-fol. v. m.*

616. Histoire de Charles VII, (par Baudot de Juilly.) *Paris,* 1754, 2 *vol. in-12. v. m.*

617. La Cronique du roi Louis XI. *Paris,* 1558, *in-8. v. b.* = Cronique de Philippe de Commines. *Paris,* 1549, *in-8. v. f.*

618. Histoire de Louis XI, par Duclos. *La Haye,* 1750, 3 *vol. in-12. v. m.*

619. Mémoires de Philippe de Commines, publiés par Denis Godefroy. *Brusselle,* 1714, 4 *vol. in-8. v. b.*

Histoire des Règnes de François Ier jusques et y compris Henri IV.

620. Histoire de François Ier, roi de France, par Gaillard. *Paris,* 1769, 8 *vol. in-12. v. m.*

621. Histoire du chevalier Bayard, par Guyard de Berville. *Paris,* 1768, *in-12. v. éc.*

622. Histoire et Règne de Henri II, roi de France, par l'abbé Lambert. *Paris,* 1755, 2 *vol. in-12. v. m.*

623. Discours merveilleux de la Vie, Actions, et deportemens de la reyne Catherine de Medicis. *Suivant la copie imp. à La Haie,* 1663, *petit in-12. v. b.*

624. Histoire de l'Estat de France, tant de la république que de la religion, sous le règne de François II. 1576, *in-8. parch.*

625. Histoire de France, depuis la naissance de Henri IV jusqu'à Louis XVI, par M. Fantin Desodoards. *Paris,* 1808, 3 *vol. in-8. br.*

626. Mémoires de François de Boyvin, chevalier, baron du Villars, sur les guerres du Piémont, etc. *Lyon,* 1610, *in-8. v. f.*

627. Mémoires de la Vie de Franç. de Scepeaux, sire de Vieilleville, par Vincent Carloix. *Paris*, 1757, 5 *vol. in*-12. *v. j.*

628. Mémoires d'Estat, par de Villeroy. *Paris*, 1665, 4 *vol. in*-12. *v. f.*

629. Histoire de Henri de la Tour d'Auvergne, duc de Bouillon, par Marsollier. *Paris*, 1719, 3 *vol. in*-12. *v. b.*

630. Mémoires de la Ligue, contenant les événemens les plus remarquables depuis 1576 jusqu'en 1598. *Amst.* 1758, 6 *vol. in*-4. *v. j.*

631. L'Esprit de la Ligue, par Anquetil. *Paris*, 1771, 3 *vol. in*-12. *v. m.*

632. Les Mémoires et Recherches de Jean du Tillet, contenant plusieurs choses mémorables pour l'intelligence de l'estat des affaires de France. *Troyes*, 1578, *in*-8. *v. j.*

633. Mémoires pour servir à l'Histoire de France, par de l'Etoile. *Cologne*, 1719, 2 *vol. in*-8. *fig. v. f.*

634. Journal du Règne de Henri III, par de l'Etoile. *Cologne*, 1720, 2 *vol. in*-8. *fig. v. b.*

635. Recueil de Pièces sur l'Histoire de France, savoir : Sommaire des raisons qui ont meu les François de recognoistre le roi Charles X. *Paris*, 1589. = Arrest de la Cour de Parlement, de recognoistre pour roi Charles X. *Lyon*, 1590. = Arrest de la Cour de Parlement, contre Henry de Bourbon, ses fauteurs et adherans. *Lyon*, 1589. = Coppie d'une Lettre de Henry de Bourbon, pretendu roi de Navarre, à la republique des Bernoys. *Lyon*, 1589. = Discours lamentable sur l'attentat commis en la personne de Henri IIII, roi de France et de Navarre. *Paris*, 1610. = Les Douleurs de Philire sur l'horrible parricide commis en la personne de Henri IV. *Villefranche*, 1610. — Le Decret du reverend pere Aquaviva, general de la Cie de Jesus, contre la pernicieuse

La Ritte.

p.

Le Roy.

p. 631. R.

p. la fig. horribles. 633. j.+

635. gu.

Charpentier.

girond.

p.

Labitte

Letellier.

642. Y. si de l'edit. originale. Me.
très rogné.

Warée

Merlin

Me Charpentier

Merlin

647. N.

doctrine d'attenter aux sacrées personnes des rois. *Paris*, 1614. = Le Passe-Partout des Ponts-Bretons. 1624, *in*-8. *v. f.*

636. Mémoires très-particuliers, pour servir à l'Histoire de Henri III, et de Henri IV, (par le duc d'Angoulême.) *Paris*, 1667, *in*-12. *v. f.*

637. Histoire des derniers Troubles de France, sous les règnes de Henri III, Henri IV, et Louis XIII. 1613, 2 *vol. in*-8. *v. b.*

638. Histoire de Henri-le-Grand, par Hardouin de Perefixe. *Paris*, 1767, 2 *tom. en* 1 *vol. in*-12. *v. m.*

639. Journal du Règne de Henri IV, par de l'Etoile. *La Haye*, 1741, 4 *vol. in*-8. *v. m.*

640. Mémoires de la reine Marguerite. *Paris*, 1665, *in*-12. *v. b.*

641. Mémoires de Sully. *Londres*, 1763, 8 *vol. in*-12. *v. m.*

642. Le Banquet et après-dînée du comte d'Arete, par d'Orléans. *Paris*, 1594, *in*-8. *v. f.*

643. Les Aventures du baron de Foeneste, par Théod. Agrippa d'Aubigné. *Cologne*, 1729, 2 *vol. in*-12. *v. j.*

644. Satyre Menippée, de la Vertu du Catholicon d'Espagne, et de la tenue des Etats de Paris. *Ratisbonne*, 1711, 3 *vol. in*-8. *fig. vél.*

645. Chronologie novenaire, par P. Victor Cayet. *Paris*, 1608, 3 *vol. in*-8. *v. f.* = Chronologie septenaire, par le même. *Paris*, 1605, *in*-8. *v. f.* = Le Mercure français, par Richer, et autres. *Paris*, 1611, 25 *vol. in*-8. *v. f.*

646. Histoire de la Vie du duc d'Espernon, par Girard. *Paris*, 1730, *in*-4. *vél.*

647. L'Intrigue du Cabinet sous Henri IV et Louis XIII, par Anquetil. *Paris*, 1780, 4 *vol. in*-12. *v. m.*

Histoire des Règnes de Louis XIII et de Louis XIV.

648. Histoire de la Mère et du Fils, c'est-à-dire de Marie de Médicis et de Louis XIII, par de Mezeray. *Amst.* 1731, 2 *vol. in*-12. *v. b.*

649. Vie de Marie de Médicis, (par mad. d'Arconville.) *Paris,* 1774, 3 *vol. in*-8. *v. m.*

650. Histoire de la Vie de Louis XIII, par de Bury. *Paris,* 1768, 4 *vol. in*-12. *v. m.*

651. Abrégé chronologique de l'Histoire de France, sous les règnes de Louis XIII et de Louis XIV, pour servir de suite à celui de Mezerai. *Amst.* 1728, 3 *vol. in*-12. *v. b.*

652. Recueil des Pièces les plus curieuses qui ont été faites pendant le règne du connétable de Luyne. 1628, *in* 8. *v. éc.*

653. Mémoires pour servir à l'Histoire du cardinal de Richelieu, recueillis par Aubery. *Cologne,* 1667, 5 *tom. rel. en* 7 *vol. pet. in*-12. *v. b.*

654. Histoire de la Vie du père Joseph Le Clerc du Tremblay, capucin, par l'abbé Richard. *Paris,* 1702, 2 *vol. in*-12. *v. b.*

655. Les Mémoires du duc de Rohan. *Amsterd.* 1693, *in*-12. *v. m.*

656. Mémoires du duc de Rohan. *Amst.* 1756, 4 *part. en* 2 *vol. in*-12. *v. m.*

657. Mémoires de Montrésor. *Cologne,* 1723, 2 *vol. in*-12. *v. b.*

658. Mémoires de M. de Montchal, contenant des particularités de la vie du cardinal de Richelieu. *Amst.* 1718, 2 *tom. en* 1 *vol. in*-12. *v. m.*

659. Mémoires pour servir à l'Histoire d'Anne d'Autriche, par mad. de Motteville. *Amst.* 1723, 5 *vol. in*-12. *v. b.*

660. Mémoires de la Minorité de Louis XIV, par

Brunard.

Chardin

La Bitte

Chailloux

652. j+

653. j.+

654. De.

Merlin

658. j.

gâté!

La Bitte.

Merlin

chabdin

francart.

merlin

666. j.
667. De.
668. j.
669. j.
670. treuttel.

tilliard.
gregoire.

673. j.

le duc de la Rochefoucauld. *Trévoux*, 1754, 2 *vol. pet. in-*12. *v. m.*

661. Mémoires du maréchal de Bassompierre, contenant l'histoire de sa vie. *Cologne*, 1703, 4 *tom. en* 2 *vol. in-*12. *v. b.* 2..20.

662. Mémoires secrets de la Cour de France, contenant les intrigues du cabinet pendant la minorité de Louis XIV, (par Rustaing de Saint-Jorry.) *Amst.* 1733, 3 *vol. in-*12. *v. b.* 2.

663. L'Esprit de la Fronde, ou Histoire politique et militaire des troubles de France, pendant la minorité de Louis XIV, (par de Mailly.) *Paris*, 1772, 5 *vol. in-*12. *v. m.* 16.

664. Histoire du cardinal de Mazarin, par Aubery. *Amst.* 1751, 4 *vol. in-*12. *v. b.* = Histoire du ministère du cardinal Mazarin, trad. de l'italien. *La Haye*, 1681, 2 *vol. pet. in-*12. *v. b.* 4.

665. Mémoires du marquis de Montglat. *Amsterd.* 1727, 4 *vol. in-*12. *v. b.* } 6.. D

666. Mémoires de De Bordeaux. *Amsterd.* 1758, 4 *vol. in-*12. *v. m.*

667. Mémoires d'Anne de Gonzague, princesse palatine. *Paris*, 1786, *in-*8. *v. m.* 3..95. D

668. Mémoires de Saint-Hilaire, contenant ce qui s'est passé en France depuis le décès du cardinal Mazarin, jusqu'à la mort de Louis XIV. *Amst.* 1766, 4 *vol. in-*12. *dem. rel.* 4.. D

669. Mémoires d'Artagnan. *Cologne*, 1700, 3 *vol. in-*12. *v. b.* 2.. D

670. Mémoires de L. (Lenet.) 1729, 2 *vol. in-*12. *v. m.* 3.. D

671. Mémoires de mademoiselle de Montpensier. *Amst.* 1735, 8 *tom. rel. en* 4 *vol. in-*12. *v. b.* 10.

672. Mémoires de Pontis. *Paris*, 1715, 2 *vol. in-*12. *v. f.* 1..50.

673. Histoire du maréchal de Gassion, (par M. de Pure.) *Amst.* 1696, 2 *vol. pet. in-*12. *v. j.* 3..95. D

674. Mémoires d'Omer Talon. *La Haye*, 1732, 8 *vol. in*-12. *v. f.*

675. Mémoires de Michel de Marolles, abbé de Villeloin. *Amst.* 1755, 3 *vol. in*-12. *v. m.*

676. Mémoires de Gaspard, comte de Chavagnac. *Amst.* 1701, *in*-12. *v. f.*

677. Mémoires de De la Porte, premier valet de chambre de Louis XIV. *Genève*, 1755, *in*-12. *v. m.*

678. Mémoires de Gourville, concernant les affaires depuis 1642 jusqu'en 1698. *Maestricht*, 1782, 2 *vol. in*-12. *v. m.*

679. Le Triomphe de la Ligue, ou la France à la veille de souscrire à la paix. *Paris*, 1696, *in*-18. *m. r.*

680. Mémoires du comte de Forbin. *Amst.* 1748, 2 *vol. in*-12. *v. m.*

681. Mémoires du maréchal de Berwick. *Amst.* 1741, 2 *vol. in*-12. *v. m.*

682. Mémoires du duc de Villars. *Amst.* 1736, 3 *vol. in*-12. *bas.*

683. Mémoires et Lettres de madame de Maintenon, publiés par de la Beaumelle. *Amst.* 1756, 15 *vol. pet. in*-12. *v. m.* = Vie de madame de Maintenon, pour servir de suite à ses Lettres. *Cologne*, 1753, *pet. in*-12. *v. m.*

684. Les Souvenirs de madame de Caylus. *Amst.* 1770, *in*-12. *v. m.*

685. Médailles sur les principaux événemens du règne de Louis-le-Grand. *Paris, de l'impr. roy.* 1702, *in*-4. *fig. v. b.*

686. Nouveau Siècle de Louis XIV, ou Poésies-anecdotes du règne et de la cour de ce prince. *Paris*, 1793, 4 *vol. in*-8. *v. m.*

687. Louis XIV, sa Cour, et le Régent, par Anquetil. *Paris*, 1789, 4 *vol. in*-12. *v. m.*

688. Galerie de l'ancienne Cour, ou Mémoires-

Le tellier.

chardin

La ditte.

chardin.

Crozet.

chardin. 680. j.

chardin

683. R.

tilliard.

Warée. 684. Du. R.

Bedan.

Warée. 687. R.

689. R.

690. De.

favre.

le meme

La Bitte.

Chardin.

La Bitte.

Marie

La Bitte.

Chardin

Merlin

anecdotes, pour servir à l'Histoire des règnes de Louis XIV et de Louis XV. 1786, 4 *vol. in*-12. *bas.*

689. Mémoires-anecdotes pour servir à l'Histoire de la maison de Bourbon, ou Galerie de l'ancienne cour. 1792, 8 *vol. in*-12. *v. m.*

690. Mémoires du duc de Saint-Simon. *Paris*, 1788, 7 *vol. in*-8. *v. éc.*

691. Mémoires secrets sur les Règnes de Louis XIV et de Louis XV, par Duclos. *Paris*, 1791, 2 *vol. in*-8. *bas.*

692. Mémoires et Lettres du maréchal de Tessé, contenant des Anecdotes sur partie des règnes de Louis XIV et de Louis XV. *Paris*, 1806, 2 *vol. in*-8. *v. m.*

Histoire des règnes de Louis XV et de Louis XVI.

693. Mémoires de la régence du duc d'Orléans. *La Haye*, 1730, 3 *vol. in*-12. *fig. v. b.* = La vie de Philippe d'Orléans, régent. *Londres*, 1736, 2 *vol. in*-12. *v. b.*

694. Œuvres posthumes de Marmontel, contenant la régence du duc d'Orléans. *Paris*, 1805, 2 *vol. in*-8. *bas.*

695. Mémoires du chevalier de Ravanne. *Liège*, 1740, 3 *vol. in*-12. *v. m.*

696. Mémoires de la minorité de Louis XV, par Massillon. *Paris*, 1792, *in*-8. *v. m.*

697. Mémoires de l'abbé de Montgon, contenant les différentes négociations dont il a été chargé dans les cours de France, d'Espagne, etc. 1750, 6 *vol. in*-12. *v. m.*

698. Histoire de Maurice comte de Saxe. *Mittaw*, 1752, 3 *vol. in*-12. *fig. v. m.*

699. Correspondance du maréchal de Richelieu, en 1756, 1757 et 1758, avec M. Paris du Verney. *Paris*, 1789, 2 *vol. in*-8. *v. m.*

700. Mémoires de madame de Staal. *Londres*, 1755, 3 *vol. pet. in*-12. *v. m.*

701. Mémoires de Louis XV, trad. de l'anglais. *Rotterdam*, 1777, *in*-12. = Mémoires de madame de Pompadour, écrits par elle-même. *Liège*, 1766, 2 *tom. en* 1 *vol. in*-12. *v. m.*

702. Les Amours de Zeokinizul, roi des Kofirans. *Amst.* 1748, *in*-12. *v. m.*

703. Vie privée de Louis XV, (par Arnoux Laffrey.) *Londres*, 1781, 6 *vol. in*-12. *fig. v. éc.*

Les tomes 5 et 6 contiennent les Fastes de Louis XV, imprimés à Villefranche en 1782.

704. Lettres et Mémoires de madame de Pompadour. *Londres*, 1776, 2 *vol. in*-12. *v. éc.*

705. Anecdotes sur la comtesse du Barri. *Londres*, 1776, *in*-12. *v. b.* = Lettres originales de la même. *Londres*, 1779, *in*-12. *v. éc.*

706. Les Entretiens de l'autre Monde, sur ce qui se passe dans celui-ci, ou Dialogues entre feu Louis XV, feu le prince de Conti, etc. *Londres*, 1784, *in*-12. *v. éc.*

707. Mémoires du duc de Choiseul. *Paris*, 1790, 2 *tom. en* 1 *vol. in*-8. *v. m.*

708. Maupeouana, ou Recueil complet des écrits patriotiques, publiés pendant le règne du chancelier Maupeou. *Paris*, 1775, 7 *vol. in*-12. *v. m.*

709. Journal historique de la révolution opérée dans la Constitution de la Monarchie française, par M. de Maupeou. *Londres*, 1776, 7 *vol. in*-12. *v. éc.*

710. Mémoires du Ministère du duc d'Aiguillon, pour servir à l'histoire de la fin du règne de Louis XV, et à celle du commencement du règne de Louis XVI. *Paris*, 1792, *in*-8. *v. m.*

711. Mémoires du comte de Maurepas. *Paris*, 1791, 4 *vol. in*-8. *v. m.*

Chardin
Chardin

Cottard
Chardin

francart.

tilliard.

gregoire.
Warée.

Warée

Decan

Decan

pellicier.

Duponcet.

La Ritte

gregoire

merlin

francart.

Cotterel.

Cotterel.

~~Hilliard~~

Cotterel

Cotterel

Warée.

Y22. Y. nx+
reçu un imparfait du tome 3, où il y
avait un cahier, moitié, où il manquait
un portrait.

712. Mémoires du maréchal de Richelieu. *Paris*, 1790, 9 *vol. in*-8. *v. porph.*

713. Souvenirs d'un homme de Cour, ou Mémoires d'un ancien page, contenant des anecdotes secrètes sous Louis XV, etc. (par M. de La Gorse). *Paris*, 1805, 2 *vol. in*-8. *bas.*

714. Aux Mânes de Louis XV, et des grands Hommes qui ont vécu sous son règne, (par Gudin.) *Aux Deux-Ponts*, 1776, *in*-8. *v. éc.*

715. Mémoires hist. et polit. du règne de Louis XVI, par Soulavie. *Paris*, 1801, 6 *vol. in*-8. *fig. v. éc.*

716. Mémoires pour servir à l'histoire de Louis, dauphin de France, (par le P. Griffet). *Paris*, 1777, 2 *vol. in*-12. *v. m.*

717. Mémoires du comte de Saint-Germain. *Amst.* 1779, 2 *vol. in*-12. *v. éc.*

718. Mémoires du baron de Besenval. *Paris*, 1805, 3 *vol. in*-8. *bas.*

Histoire de France, depuis la révolution de 1789.

719. Histoire de la Constitution de l'Empire français, ou Histoire des Etats-Généraux, par l'abbé Robin. *Paris*, 1789, 2 *vol. in*-8. *bas.*

720. Journal des Etats-Généraux et des Débats. *Paris*, *Devaux*, 1789, 157 *vol. in*-8. *dem. rel.*

721. Gravures historiques des principaux événemens, depuis l'ouverture des Etats-Généraux de 1789. *Paris*, 1789, 49 *livr. in*-4. *en cahiers.*

722. Tableaux historiques de la Révolution française, avec les portraits, etc. *Paris*, 1791 *et ann. suiv. in-fol. en cahiers.*
Exemplaire complet.

723. Histoire politique de la Révolution en France. *Londres*, 1789, 2 *vol. in*-8. *v. éc.*

724. Histoire de la Révolution de 1789, par deux

amis de la liberté. *Paris*, 1790, 20 *vol. in-8. bas.*

725. Histoire philosophique de la Révolution de France, par M. Fantin Desodoards. *Paris*, 1797, 7 *vol. in-8. bas.*

726. Histoire de France, depuis la Révolution de 1789, par M. de Toulongeon. *Paris*, 1801, 5 *vol. in-8. bas.*

727. Répertoire, ou Almanach historique de la Révolution française. *Paris*, 1798, 5 *vol. in-18. bas.*

728. Abrégé chronologique de la Révolution française, par Richer. *Paris, l'an VII*, 3 *vol. in-18. bas.*

729. Mémorial de la Révolution de France, par Le Comte. *Paris*, 1801, 2 *vol. in-18. bas.*

730. Précis histor. de la Révolution française, par M. La Cretelle. *Paris*, 1801, 3 *vol. in-18. fig. bas.*

731. Tableau historique de la Révolution de France. *Paris*, 1804, *in-18. bas.*

732. Réflexions sur la Révolution de France, par Burke, trad. de l'angl. *Paris*, *in-8. bas.*

733. De la Révolution française, par M. Necker. *Paris*, 1797, 2 *vol. in-8. bas.*

734. Mémoires pour servir à l'Histoire du Jacobinisme, par Barruel. *Hambourg*, 1798, 5 *vol. in-8. bas.*

735. Histoire de la Conjuration de Robespierre, (par Montjoye.) *Paris*, 1796, *in-8. bas.*

736. Histoire de la Guerre civile en France. *Paris*, 1803, 3 *vol. in-8. bas.*

737. Histoire de la Guerre de la Vendée, par Beauchamp. *Paris*, 1807, 3 *vol. in-8. fig. v. j.*

738. Déportation et Naufrage de J. Aymé. *Paris*, *in-8. bas.*

739. Copie des pièces saisies dans le local que Babœuf occupoit lors de son arrestation. *Paris*, *l'an V*, 3 *vol. in-8. bas.*

Cotteret.

Cotteret.

pelicier.
idem.
Duponcet.

730. R. til. 6t. 50 s.

p.

p.

francart.
waré.
p.

735. til. mt

p.

737. De.

Duponcet.

Serreau

nozeran

joseph.

743. j.
744. j.

p.

746. y. cheap. m^e charpentier.

p.
le tellier.

marie.

marie.

752. y. ae^t siboan. mal conditionné. pierre.

740. Du Fanatisme dans la langue révolutionnaire, par La Harpe. *Paris*, 1797, *in*-8. *bas.*

741. De l'influence de la Philosophie sur les Forfaits de la Révolution. *Paris*, *in*-8. *bas.* = Les Forfaits du 6 octobre. 1790, 2 *vol.* *in*-8. *bas.*

Histoire des anciennes Provinces, et des villes de France.

742. Mémoires pour servir à l'Hist. de France, ou Tableau des maisons royales, châteaux, etc. des rois de France, par Poncet de la Grave. *Paris*, 1788, 2 *vol.* *in*-12. *fig.* *v. m.*

743. Histoire de la Ville et du Diocèse de Paris, par Le Beuf. *Paris*, 1754, 15 *vol.* *in*-12. *fig.* *bas.*

744. Histoire de la ville de Paris, par Felibien, publiée par D. Lobineau. *Paris*, 1725, 5 *vol.* *in-fol.* *fig.* *v. b.* *Gr. Pap.*

745. Histoire et Recherches des Antiquités de la ville de Paris, par Sauval. *Paris*, 1733, 3 *vol.* *in-fol.* *v. b.*

746. Essais historiques sur Paris, par de Saint-Foix. *Paris*, 1776, 7 *vol.* *in*-12. *v. m.*

747. Tableau de Paris, par Mercier. *Hambourg*, 1781, 12 *vol.* *in*-8. *v. éc.*

748. La Police de Paris dévoilée, par P. Manuel. *Paris*, *l'an* II, 2 *vol.* *in*-8. *bas.*

749. Mémoires sur la Bastille, et sur la détention de Linguet, écrits par lui-même. *Londres*, 1783, *in*-8. *v. éc.*

750. Mémoires historiques et authentiques sur la Bastille, (publiés par Carra). *Paris*, 1789, 3 *vol.* *in*-8. *bas.*

751. Histoire de l'Abbaye de Saint-Germain des Prez, par dom Bouillart. *Paris*, 1724, *in-fol.* *fig.* *v. b.*

752. Histoire de l'Abbaye de Saint-Denys, par dom Felibien. *Paris*, 1706, *in-fol.* *fig.* *v. m.*

753. Description des Châteaux et Parcs de Versailles et de Marly. *Paris*, 1707, *in*-12. *fig. v. m.*

754. Histoire générale de Languedoc, par dom de Vic, et dom Vaissete. *Paris*, 1730, 5 *vol. in-fol. fig. v. b.*

755. Mémoires du marquis de Beauvau, pour servir à l'histoire de Charles IV, duc de Lorraine. *Amst.* 1712, *in*-12. *v. b.*

756. Histoire des Séquanois et de la Province séquanoise, par Dunod. *Dijon*, 1735, 2 *vol. in* 4. *bas. fig.*

757. Histoire du duché de Valois, (par Carlier). *Paris*, 1764, 3 *vol. in*-4. *fig. bas.*

758. Histoire des Dauphins de Viennois, d'Auvergne et de France, par Le Quien de la Neufville. *Paris*, *Desprez*, 1760, 2 *vol. in*-12. *v. m.*

Mélanges de l'histoire de France.

759. Histoire de l'ancien Gouvernement de la France, par Boulainvilliers. *La Haye*, 1727, 3 *vol. in*-12. *v. b.* = Lettres sur les anciens Parlemens de France, par le même. *Londres*, 1753, 2 *tom. en* 1 *vol. in*-12. *v. m.* = Essais sur la Noblesse de France, par le même. *Amst.* 1732, *in*-12. *v. f.*

760. Traité historique de la Souveraineté du Roi. *Paris*, 1754, 2 *vol. in*-4. *v. m.*

761. Traité de la Majorité de nos Rois, et des Régences du royaume, par Dupuy. *Paris*, 1655, *in*-4. *v. b.*

762. Le Roi voyageur, ou Examen des abus de l'Administration de la Lydie, (par M. Perreau.) *Londres*, 1784, *in*-8. *v. éc.*

763. Despotisme des Ministres de France, (par Billaud Varennes.) *Amst.* 1789, 3 *vol. in* 8. *bas.*

764. Histoire de la Pairie de France, (par Goezmann.) *Londres*, 1753, *in*-12. *v. m.*

pierre.

Merlin

merlin
chardin

Duponcet

francart.

nozeran

765. J.

766. Y. ae[+]

martin.

le tellier.

Duponcet.

chardin

martin

nozeran

774. Me.

775. N. Y. ai[+]

p.

chardin

Le Roy.

765. Mémoire sur les rangs et les honneurs de la Cour, (par Gibert.) *in-8. v. m.*

766. Histoire de la Milice française, par le P. Daniel. *Paris*, 1721, 2 *vol. in-4. fig. v. m. Gr. Pap.*

767. Traité historique des Monnoies de France, par Le Blanc. *Paris*, 1689, *in-4. fig. v. b.*
Il manque le titre imprimé.

768. Histoire amoureuse des Gaules, par de Bussy Rabutin. *Cologne*, 1722, 2 *vol. pet. in-12. v. m.*

769. Les Galanteries des rois de France. *Cologne*, 3 *vol. pet. in-12. fig. v. f.*

770. Intrigues galantes de la Cour de France, depuis le commencement de la Monarchie. *Cologne*, 1694, 2 *tom. en* 1 *vol. in-12. v. b.*

771. La France galante, ou Histoires amoureuses de la Cour, sous le règne de Louis XIV. *Cologne*, 2 *vol. pet. in-12. v. b.*

Histoire d'Allemagne, etc.

772. Histoire générale d'Allemagne, par le P. Barre. *Paris*, 1748, 10 *vol. in-4. fig. v. m.*

773. Abrégé chronologique de l'Histoire et du Droit public d'Allemagne, (par Pfeffel.) *Paris*, 1754, *in-8. v. m.*

774. Histoire de Charles-Quint, par Ant. de Vera et Figueroa, trad. de l'espagnol. *Bruxelles*, 1663, *in-12. vél.*

775. Histoire du Règne de l'empereur Charles-Quint, par Robertson, trad. de l'anglais. *Paris*, 1770, 6 *vol. in-12. v. m.*

776. Annales du Règne de Marie Thérèse, par Fromageot. *Paris*, 1781, *in-8. v. éc.*

777. Histoire du prince Eugène de Savoie, (par de Mauvillon.) *Vienne*, 1755, 5 *vol. in-12. fig. v. m.*

778. Histoire des Révolutions de Hongrie, (par Brenner.) *La Haye*, 1739, 6 *vol. in-12. v. j.*

779. Mémoires pour servir à l'Histoire de Brandebourg, (par Frédéric II, roi de Prusse.) 1751 et 1757, 3 *vol. in*-12. *v. m.*

780. Histoire secrète de la Cour de Berlin, (par Mirabeau.) 1789, 2 *vol. in*-8. *v. éc.*

781. Histoire métallique de la république de Hollande, par Bizot. *Amst.* 1688, 2 *vol. in*-8. *fig. v. b.*

782. Les Délices de la Hollande. *La Haye*, 1710, 2 *vol. in*-12. *fig. v. b.*

783. Mémoires historiques et politiques des Pays-Bas autrichiens, (par de Neny). *Bruxelles*, 1785, *in*-8. *v. éc.*

784. Tableaux topographiques, pittoresques, historiques, etc. de la Suisse, (par J. B. de la Borde, et B. F. A. de Zurlauben). *Paris*, 1780, 4 *vol. in-fol. fig. v. m.*

785. Histoire de Genève, par Spon. *Genève*, 1730, 4 *vol. in*-12. *fig. v. m.*

Histoire d'Espagne et de Portugal.

786. Histoire générale d'Espagne, trad. de l'espagnol de Ferreras, par d'Hermilly. *Paris*, 1751, 10 *vol. in*-4. *fig. v. m.*

787. Histoire des Révolutions d'Espagne, par le P. d'Orléans. *Paris*, 1737, 5 *vol. in*-12. *v. b.*

788. Histoire des Rois catholiques, Ferdinand et Isabelle, (par l'abbé Mignot.) *Paris*, 1766, 2 *vol. in*-12. *v. m.*

789. Mémoires pour servir à l'histoire du cardinal de Granvelle, (par D. Prosper Lévêque.) *Paris*, 1753, 2 *vol. in*-12. *v. m.*

790. Mémoires pour servir à l'histoire de Philippe V, par le marquis de Saint-Philippe, trad. de l'espagnol. *Amst.* 1756, 4 *vol. in*-12. *v. m.*

791. Révolutions de Portugal, par de Vertot. *Paris*, 1773, *in*-12. *v. m.*

Lilliard.

780. til. aot

joseph.

p.

Colleret.

Warie.

Colleret.

787. y. amt

788 S.

Colleret.

791. N.

chardin

le meme.

l'oiseau

Me charpentier.

797. N. y.

Cotteret.

799. N.

Cotteret.

chardin

chardin

803. j.

792. Mémoires du marquis de Pombal. 1784, 4 *vol. in-12. v. éc.*

793. Anecdotes du Ministère du marquis de Pombal. *Varsovie*, 1784, *in-8. v. éc.*

Histoire d'Angleterre, etc.

794. Tableau de la Grande-Bretagne et de l'Irlande, et des possessions anglaises dans les quatre parties du Monde, (par Baert). *Paris*, 1800, 4 *vol. in-8. v. m.*

795. Histoire d'Angleterre, par Rapin Thoyras. *La Haye*, 1727, 10 *vol. in-4. fig. v. f.*

796. Remarques historiques sur l'Histoire d'Angleterre de Rapin Thoyras, par Tindal. *La Haye*, 1733, 2 *vol. in-4. v. m.*

797. Histoire d'Angleterre de Hume, trad. de l'anglais. *Amst.* 1765, 7 *vol. in-4. v. m. Gr. Pap.*

798. Histoire d'Angleterre, par Targe. *Paris*, 1768, 5 *vol. in-12. v. m.*

799. Histoire des Révolutions d'Angleterre, par le P. d'Orléans. *Paris*, 1767, 4 *vol. in-12. v. m.* = Histoire des Révolutions d'Angleterre, pour servir de suite à la précédente, par Turpin. *Paris*, 1786, 2 *vol. in-12. v. m.*

800. Histoire d'Angleterre, représentée par figures, gravées par David, accompagnées d'un Précis historique. *Paris*, 1784, 2 *vol. in-4. v. éc.*

801. Histoire de Guillaume le Conquérant, (par l'abbé Prévost). *Paris*, 1742, 2 *vol. in-12. v. m.*

802. Mémoires d'Angleterre, contenant l'Histoire des deux Roses, ou les différends des deux maisons royales d'Yorck et de Lancastre. *Amst.* 1726, *in-12. v. éc.*

803. Mémoires d'Edmond Ludlow, contenant ce qui s'est passé de plus remarquable sous Charles Ier, trad. de l'anglais. *Amsterd.* 1699, 3 *vol.*

in-12. *v. m.* = Mémoires de la Vie de mylord duc d'Ormond, trad. de l'anglais. *La Haye*, 1737, 2 *vol. in*-12. *v. m.*

804. Histoire de la rébellion, et des guerres civiles d'Angleterre, par Clarendon, trad. de l'anglais. *La Haye*, 1704, 6 *vol. in*-12. *v. b.*

805. Histoire d'Olivier Cromwel. *Paris*, 1691, *in*-4. *fig. v. b.*

806. Histoire des dernières Révolutions d'Angleterre, par Burnet, trad. de l'anglais. *La Haye*, 1725, 2 *vol. in*-4. *fig. v. b.*

807. Histoire secrète de la reine Zarah, ou la Duchesse de Marlborough démasquée, trad. de l'anglais. *Oxford*, 1712, *in*-12. *v. b.*

808. Histoire du ministère du chevalier Robert Walpole, (par Dupuy-Demportes.) *Amst.* 1764, 3 *vol. in*-12. *v. m.*

809. Histoire du parlement d'Angleterre, par l'abbé Raynal. *Londres*, 1748, 2 *vol. in*-12. *v. m.*

810. Foedera, conventiones, litteræ et acta publica, inter reges Angliæ, et alios imperatores, reges, etc. edente Th. Rymer. *Hag. Com.* 1745, 10 *vol. in-fol. v. m.*

811. Histoire d'Ecosse, par Robertson, trad. de l'anglais. *Londres*, (*Paris*,) 1764, 3 *vol. in*-12. *v. m.*

Histoire des Pays septentrionaux, la Suède, etc.

812. Histoire de Suède, par Pufendorff. *Amst.* 1743, 3 *vol. in*-12. *v. j.*

813. Histoire des Révolutions de Suède, par de Vertot. *Paris*, 1751, 2 *vol. in*-12. *v. m.* = Histoire de la dernière Révolution de Suède, par le Scene des Maisons. *Amst.* 1782, *in*-12. *v. éc.*

814. Histoire de la dernière Révolution de Suède, trad. de l'anglais de Sheridan. *Londres*, 1783, *in*-8. *v. m.*

pelicier. le tome 1er piqué et rapareillé. 804. y. mht

chardin.

warie.

807. C.

cotterat.

p.

810. j.

811. R.

avignon.

813. R.

814. y.

Cotteret.

gregoire.

Warée

819. N. pierre.

Le Roy

Le Roy.

822. De.

Warée.

824. De.

825. f. t. 1e pt. 13. 19. 36.

Tilliard.

p.

815. Mémoires authentiques et intéressans, ou Histoire des comtes Struensée et Brandt. *Londres*, 1789, *in*-8. *v. éc.*

816. Histoire des rois de Pologne, et des révolutions arrivées dans ce royaume, par Massuet. *Amst.* 1734, 5 *vol. in*-12. *v. b.*

817. Histoire de Jean Sobieski, roi de Pologne, par l'abbé Coyer. *Paris*, 1761, 3 *vol. in*-12. *v. j.*

818. Histoire de Stanislas Ier, roi de Pologne, par l'abbé Proyart. *Paris*, 1784, 2 *vol. in*-12. *v. m.*

819. Histoire de l'Anarchie de Pologne, et du démembrement de cette république, par Rulhière. *Paris*, 1807, 4 *vol. in*-8. *v. j.*

820. Histoire des Révolutions de l'empire de Russie, par la Combe. *Paris*, 1760, *in*-12. *v. m.*

821. Histoire de l'empire de Russie sous Pierre-le-Grand, par Voltaire. 1759, 2 *vol. in*-12. *v. m.*

822. Anecdotes originales de Pierre-le-Grand, par de Staehlin, trad. de l'allemand. *Paris*, 1787, *in*-8. *v. éc.*

823. Histoire de Pierre III, empereur de Russie, (par J. C. Laveaux.) *Paris, l'an* VII, 3 *vol. in*-8. *fig. bas.*

824. Anecdotes intéressantes et secrètes de la Cour de Russie. *Paris*, 1792, 6 *vol. in*-12. *v. m.*

Histoire orientale, etc.

825. Tableau général de l'empire Ottoman, par Mouradja d'Ohsson. *Paris*, 1787, 2 *vol. gr. in-fol. fig. cart.*

826. Histoire de l'empire Othoman, par Démétrius Cantimir, trad. par de Joncquières. *Paris*, 1743, 4 *vol. in*-12. *v. f.*

827. Mémoires du baron de Tott sur les Turcs et les Tartares. *Maestricht*, 1785, 4 *part. en* 2 *vol. in*-12. *v. éc.*

828. Constantinople ancienne et moderne, ou Description des côtes et isles de l'Archipel, et de la Troade, par Dallaway, trad. de l'anglais, par M. Morellet. *Paris, an VII*, 2 *vol. in-8. fig. v. m.*

829. Histoire des Arabes, sous le gouvernement des califes, par de Marigny. *Paris*, 1750, 4 *vol. in-12. v. m.*

Histoire de l'Asie, de l'Afrique, et de l'Amérique.

830. Histoire universelle des Indes occidentales et orientales, par Wytfliet et Ant. Magin. *Douay*, 1611, 2 *part. en* 1 *vol. in-fol. fig. v. m.*

831. Histoire philosophique et politique des établissemens et du commerce des Européens dans les deux Indes, par Raynal. *Genève*, 1780, 10 *vol. in-8. et atlas in-4. v. éc.*

832. Lettres édifiantes et curieuses, écrites des Missions étrangères, par quelques missionnaires de la compagnie de Jésus. *Paris*, 1717 *et ann. suiv.* 28 *recueils rel. en* 26 *vol. in-12. fig. v. f.*

833. Recherches historiques sur la connoissance que les Anglais avoient de l'Inde, par Robertson, trad. de l'anglais. *Paris*, 1792, *in-8. bas.*

834. Histoire des Indes orientales, anciennes et modernes, par Guyon. *Paris*, 1744, 3 *vol. in-12. v. m.* = Histoire abrégée de la découverte et de la conquête des Indes par les Portugais, par d'Ussieux. *Paris*, 1770, *in-12. v. m.*

835. Histoire des rois de Chypre, de la maison de Lusignan, trad. de l'italien de (J. Fr. Loredano). *Paris*, 1732, 2 *vol. in-12. v. f.*

836. Histoire des Révolutions de Perse, (par le P. du Cerceau). *Paris*, 1742, 2 *vol. in-12. v. j.*

837. Histoire de Thamas Kouli-Kan, roi de Perse, (par le P. du Cerceau). *Paris*, 1742, *in-12. v. j.*

francart.

p.

Duforges.

831. Ret.

Cotteret.

830. ~~832.~~ ~~M~~. Huzard.

francart.

Le Roy

Cotteret

Chardin

Bonhommé. p.

La ditte.

Bonhommé. p.

Chardin

Le même

845. y. cheap

Le Roy.

848. y. cheap.

849. R.

Cotteret.

838. Histoire de Tamerlan, empereur des Mogols, (par le P. de Margat). *Paris,* 1739, 2 *vol. in-12. v. b.*

839. Histoire d'Ayder-Ali-Khan, (par Maistre de la Tour). *Paris,* 1783, 2 *vol. in-12. v. f.*

840. Vie d'Haider-Aly-Khan, par Robson, trad. de l'anglais. *Paris,* 1787, *in-12. bas.*

841. Histoire de Sumatra, par Will. Marsden, trad. de l'anglais. *Paris,* 1788, 2 *vol. in-8. fig. bas.*

842. Description géographique, historique, etc. de l'empire de la Chine, par le P. du Halde. *Paris,* 1735, 4 *vol. in-fol. fig. v. m.*

843. Faits mémorables des empereurs de la Chine, en 24 estampes, gravées par Helman, avec les explications. *Paris,* 1788, *in-4. v. éc.*

844. Abrégé de la Vie de Confucius, orné de 24 estampes, gravées par Helman. *Paris, in-4. v. m.*

845. Recherches philosophiques sur les Egyptiens et les Chinois, par de Pauw. *Londres,* 1774, 2 *vol. in-12. v. m.* = Recherches philosophiques sur les Grecs, par le même. *Berlin,* 1788, 2 *vol. in-12. v. m.*

846. Histoire de Saladin, sultan d'Egypte, par Marin. *Paris,* 1758, 2 *vol. in-12. bas.*

847. Histoire des Révolutions de l'empire de Maroc, trad. de l'anglais. *Amst.* 1731, *in-12. v. m.*

848. Recherches philosophiques sur les Américains, par de Pauw. *Berlin,* 1771, 3 *vol. pet. in-8. v. éc.*

849. Histoire de l'Amérique, trad. de l'anglais de Robertson, (par M. Suard). *Paris,* 1778, 3 *vol. in-8. v. m.*

850. Histoire et description de la Nouvelle-France, par Charlevoix. *Paris,* 1744, 6 *vol. in-12. fig. v. éc.*

851. Lettres d'un Cultivateur américain, par de Crevecœur, trad. de l'anglais. *Paris*, 1787, 3 *vol. in*-8. *v. éc.*

852. Recueil d'Estampes représentant les différens événemens de la guerre d'Amérique, par Ponce. *in*-4. *cart.*

853. Mémoires pour servir à l'Histoire de Cayenne et de la Guyane française, par Bajon. *Paris*, 1777, 2 *vol. in*-8. *fig. bas.*

Histoire héraldique et généalogique.

854. Traité de la Noblesse, et de toutes ses différentes espèces, par de la Roque. *Rouen*, 1734, *in*-4. *v. b.*

855. Histoire généalogique de la Maison royale de France, par le P. Anselme. *Paris*, 1726, 9 *vol. in-fol. v. m.*

856. Armorial des principales Maisons et Familles du Royaume, par Dubuisson. *Paris*, 1757, 2 *vol. in*-12. *fig. v. m.*

857. Catalogues et Armoiries des Gentilshommes qui ont assisté à la tenue des Etats de Bourgogne, depuis l'an 1548 jusqu'en 1682 (par de Brosses et autres.) *Dijon*, 1760, *in-fol. fig. v. m.*

858. Dictionnaire des Ennoblissemens. *Paris*, 1788, 2 *tom. en* 1 *vol. in*-8. *bas.*

Antiquités.

859. De l'Utilité des Voyages, et de l'avantage que la recherche des antiquités procure aux savans, par Baudelot de Dairval. *Rouen*, 1727, 2 *vol. in*-12. *v. b.*

860. L'Antiquité expliquée et représentée en figures, par dom Bern. de Montfaucon, avec le Supplément, par le même. *Paris*, 1719 *et* 1757, 15 *vol. in-fol. v. f. Gr. Pap.*

laloy

cotterel.

laloy.

854. j.

pierre.

cotterel

brunard.

francart.

le meme

cotterel.

Cotteret.

Cotteret.

le meme

le meme

le meme

Francart.

p.

Letellier.

p.

p.

Desforges.

p.

861. Antiquités étrusques, grecques et romaines, gravées par David, avec les explications, par d'Hancarville. *Paris*, 1785, 5 *vol. in*-4. *v. éc. fig. coloriées.*

862. Les Antiquités d'Herculanum, avec leurs explications en français, publiées par David. *Paris*, 1780, 11 *vol. in*-4. *fig. v. m.*

863. Discours de la Religion des anciens Romains, par Duchoul. *Lyon*, 1581, *in*-4. *fig. v. b.*

864. Explication abrégée des Coutumes et Cérémonies observées chez les Romains, trad. du latin de Nieuport. *Paris*, 1741, *in*-12. *v. b.*

865. Description des Bains de Titus, et Arabesques des Bains de Livie, par M. Ponce. *Paris*, 1786, 4 *cahiers gr. in-fol. fig.*

Histoire littéraire, etc.

866. Polydori Vergelii de Inventoribus rerum libri octo. *Amstel. apud Dan. Elzevirium*, 1671, *in*-12. *m. bl.*

867. Recherches sur l'origine des Découvertes attribuées aux modernes, (par L. Dutens). *Paris*, 1766, 2 *vol. in*-8. *v. éc.*

868. Histoire littéraire des Troubadours, par Millot. *Paris*, 1774, 3 *vol. in*-12. *v. m.*

869. Anecdotes littéraires, (par Raynal). *Paris*, 1752, 3 *vol. in*-12. *v. f.*

870. Les trois Siècles de la Littérature française, par Sabatier de Castres. *Paris*, 1774, 4 *vol. in*-12. *v. m.*

871. Tableau historique de l'Esprit et du Caractère des Littérateurs français, (par Taillefer). *Paris*, 1785, 4 *vol. in*-8. *v. éc.*

872. Mélanges d'Histoire et de Littérature, par de Vigneul-Marville. *Paris*, 1725, 3 *vol. in*-12. *v. b.*

873. Les Bibliothèques françaises de la Croix du Maine et de Duverdier, édit. publ. par Rigoley de Juvigny. *Paris*, 1772, 6 *vol. in-4. v. éc.*

874. Bibliothèque des Auteurs de Bourgogne, par Papillon. *Dijon*, 1745, 2 *tom. en* 1 *vol. in-fol. bas.*

875. Jugemens des Savans sur les principaux Ouvrages des Auteurs, par Adr. Baillet. *Paris*, 1722, 7 *vol. in-4. v. f.*

876. Catalogue des Livres de l'abbé de Rothelin. *Paris*, 1746, *in-8. v. éc. avec les prix.* = Catalogus Librorum comitis de Hoym. *Parisiis*, 1738, *in-8. dem. rel.*

Vies des Hommes illustres, anciens et modernes.

877. Les Œuvres de Plutarque, trad. du grec, par Amyot. *Paris*, 1783, 22 *vol. in-8. fig. v. éc.*

878. Les Vies des Hommes illustres de Plutarque, trad. en français, par Amyot. *Paris, Vascosan*, 1559, *in-fol. v. b.*

879. Le Repos de Cyrus, ou l'Histoire de sa Vie, (par Pernetti). *Paris*, 1732, 3 *part. en* 1 *vol. in-8. fig. m. r.*

880. Histoire de la Vie de Jules-César, par de Bury. *Paris*, 1768, 2 *vol. in-12. v. m.*

881. Histoire de Cicéron, tirée de ses écrits, (par l'abbé Prévost). *Paris*, 1749, 4 *vol. in-12. bas.*

882. La Vie de Mahomet, par Gagnier. *Amst.* 1748, 3 *vol. in-12. v. m.*

883. Histoire de la Vie de Mahomet, par Turpin. *Paris*, 1773, 2 *vol. in-12. bas.*

884. Mémoires de Brantome. *Luxembourg*, 1731, 15 *vol. pet. in-12. v. m.*

885. Les Vies des Hommes illustres de la France, par d'Auvigny. *Paris*, 1739, 26 *vol. in-12. v. m.*

886. Le Nécrologe des Hommes célèbres de France, (par Poinsinet de Sivry, et autres). *Paris*, 1767, 14 *vol. in-12. v. m.*

p.

p.

Colleret.

tilliard.

bonnamy.

pierre

p.

francart.

brunard

chardin

p.

brunard.

p.

p.

Cotterel.

Cotterel.

giron.

francart.

chardin

warie

896. De. chardin

898. De. Letellier

899. Du. francart

900. De. cotterel

p.

887. Les Illustres Français, par M. Ponce. *Paris*, 1785, 8 *cahiers in-fol. fig.*

888. Portraits des Grands Hommes, Femmes illustres, et sujets mémorables de France. *Paris*, 1786, 47 *liv. gr. in-4. en cah. fig. en couleur.*

889. Mémoires historiques sur Raoul de Coucy, (par de la Borde.) *Paris*, 1781, 2 *tom. en* 1 *vol. in-12. fig. v. éc. Pap. Fin.*

890. Vie du cardinal d'Amboise, par Legendre. *Amst.* 1726, *in-4. v. b.*

891. Vie de Michel de l'Hôpital, chancelier de France, (par Lévesque de Pouilly). *Paris*, 1764, *in-12. v. m.*

892. La Vie d'Armand Jean, cardinal duc de Richelieu, par Le Clerc. *Amst.* 1714, 2 *vol. in-12. v. b.*

893. La véritable Vie de la duchesse de Longueville. *Amst.* 1739, 2 *tom. en* 1 *vol. in-12. v. m.*

894. La Vie du maréchal Fabert, par le P. Barre. *Paris*, 1752, 2 *vol. in-12. v. m.*

895. La Vie de madame de Maintenon, (par Caraccioli). *Paris*, 1788, 2 *vol. in-12. v. m.*

896. Vie privée du cardinal du Bois, (par M. Mongez). *Londres*, 1789, *in-8. v. éc.*

897. Vie du maréchal de Villars, publ. par M. Anquetil. *Paris*, 1784, 4 *vol. in-12. v. m.*

898. La Vie de Voltaire, (par Duvernet.) *Genève*, 1786, *in-8. v. éc.*

899. Vie de J. J. Rousseau, par de Barruel-Beauvert. *Londres*, 1789, *in-8. bas.*

900. Vie privée du maréchal de Richelieu, (par Faur). *Paris*, 1791, 3 *vol. in-8. v. porph.*

901. Vie de Jeanne de Saint-Remy de Valois, ci-devant comtesse de la Motte, écrite par elle-même. *Paris, l'an premier*, 2 *vol. in-8. bas.* = Mémoires justificatifs de la même. *Londres*, 1789, *in-8. v. éc.*

902. Histoire de donna Olimpia Maldachini, trad. de l'italien de Gualdi. *Leyde*, 1666, *in*-12. *v. b.*

903. La Vie de Joseph II, (par Caraccioli). *Paris*, 1790, *in*-8. *v. m.*

904. Vie de Frédéric II, roi de Prusse, (par Laveaux). *Paris*, 1788, 7 *vol. in*-8. *v. éc.*

905. Caractère de Frédéric II, roi de Prusse, trad. de l'allemand de Busscbing, par d'Arnex. *Berne*, 1788, 2 *tom. en* 1 *vol. in*-8. *bas.*

906. Vie de Catherine II, impératrice de Russie, (par de Castera). *Paris*, 1797, 2 *vol. in*-8. *fig. bas.*

907. Mémoires de la Vie privée de Benj. Franklin, écrits par lui-même. *Paris*, 1791, *in*-8. *bas.*

Dictionnaires et Extraits historiques.

908. Dictionnaire historique, par Moreri. *Paris*, 1759, 10 *vol. in-fol. v. m.*

909. Dictionnaire historique et critique, par P. Bayle. *Rotterdam*, 1720, 4 *vol. in-fol. v. b.*

910. Analyse raisonnée de Bayle, (par de Marsy). *Londres*, 1755, 8 *vol. in*-12. *v. m.*

911. Dictionnaire historique, par l'Advocat. *Paris*, 1752, 2 *vol. pet. in*-8. *v. m.*

912. Dictionnaire historique, par une société de gens de lettres. *Caen*, 1783, 8 *vol. in*-8. *v. éc.*

913. Dictionnaire des Portraits, et traits remarquables des Hommes illustres. *Paris*, 1768, 6 *vol. pet. in*-8. *v. éc.*

914. Valère Maxime, trad. en français. *Paris*, 1713, 2 *vol. in*-12. *v. b.*

915. Choix d'Histoires tirées de Bandel, Belleforest, etc. par Feutry. *Paris*, 1779, 2 *vol. in*-18. *bas.*

916. Pièces intéressantes et peu connues, pour servir à l'Histoire, (par de la Place.) *Bruxelles*, 1781, 8 *vol. in*-12. *v. éc.*

FIN.

Brunaud.

Desforges.

p.

Villiard.   906. De.

moisant.

chardin

pierre   909.

p.

warie.

girond.   913. Dar.

Bruneau.

Clement de Ris.   916 Dar.

1 double

B. R. Y. cheap.

giraud.

francart.

p.

Cotterel.

p.

SUPPLÉMENT.

1. Psalmi Davidis, Proverbia Salomonis, ecclesiastes et canticum canticorum, Hebraicè, cum interlineari versione Santis Pagnini. *Genevæ*, (1616), *in*-8. *vélin.*

2. Præ-Adamitæ, sive Exercitatio, qua inducuntur primi homines ante Adamum conditi, (aut. Is. la Peyrere). 1655, *in*-12. *vélin.*

3. Preces piæ. *Pet. in*-4. *veau à compartimens.*
Manuscrit sur vélin du xve siècle. Il est orné de miniatures bien conservées, et de cadres peints en or et en couleurs.

4. M. Minucii Felicis Octavius, cum notis variorum. *Lugd. Bat.* 1672, *in*-8. *v. b.*

5. Codigo penal del Imperio frances, traducido en lengua española, por don Benito Redondo. *Paris*, 1810, *in*-8. *br.* = Code de Procédure civile. *Paris, impr. impér.* 1806, *in*-8. *br.*

6. De la Sagesse, trois livres, par Pierre Charron. *Paris*, 1604, *in*-8. *v. f.*

7. Opérations des Changes des principales places de l'Europe, par J. V. Ruelle. *Lyon*, 1775, *in*-8. *br. en carton.*

8. Comptes généraux du Trésor public, 1806, 1810 et 11. Compte de l'Administration des Finances en 1809 et 1810. Instruction pour les Receveurs généraux de département, etc. *Paris, impr. impér.* 1807 *et ann. suiv.* 5 *vol. in*-4. *et* 1 *vol. in-fol. br.*

9. Observations mathématiques, astronomiques, géographiques, etc. tirées des anciens livres chinois, publ. par les P. E. Souciet et Gaubil. *Paris*, 1729, 3 *vol. in*-4. *br. en cart.*

10. Traité des Elémens du Chant, par l'abbé Lacassagne. *Paris*, 1766, *in*-8. *v. éc.*

11. Recueil d'Estampes gravées d'après les tableaux du cabinet du duc de Choiseul, par les soins de Basan. (*Paris*,) 1781, *in*-4. *v. m.*

12. De Artis militaris materia, sive de Personis ad belli constitutionem requisitis, etc. *Manuscrit in-fol. sur papier, de la fin du* XVIe *siècle.*

Ce manuscrit, ainsi que tous ceux qui se trouvent dans ce supplément, proviennent de M. le Blond, membre de l'Institut, dont nous avons fait la vente en octobre 1810.

13. Bataille de Preussich-Eylau, gagnée par la grande armée le 8 février 1807. *Paris*, 1807, *in-fol. fig. br.*

14. Thrésor de l'Histoire des Langues de cet univers, par Cl. Duret. *Yverdon*, 1619, *in*-4. *vélin.*

15. Franc. Masclef Grammatica hebraica. *Paris*. 1731, 2 *vol. in*-12. *v. b.*

16. Essai sur la Langue Arménienne, par M. Bellaud. *Paris, impr. impér.* 1812, *in*-8. *br. Pap. Vélin.*

17. Traité de la conformité du langage français avec le grec, par Henri Estienne. *Paris, Rob. Estienne*, 1569, *in*-8. *vélin.*

18. Grammatica della Lingua Italiana, di Franc. Soave. *Venezia*, 1802, *in*-12. *br.* = Avvertimenti per parlare e scriver correttamente la Lingua Italiana. *Firenze*, 1799, *in*-12. *br.*

19. Homère grec-latin-français, par J. B. Gail. *Paris*, 1805, 6 *vol. in*-8. *br. Pap. Vél.*

20. Idylles de Théocrite, trad. en français par J. B. Gail. *Paris, l'an* IV, 2 *vol. in*-4. *br. en cart. Pap. Vél.*

21. Les Dionysiaques ou les Voyages, les Amours et les Conquêtes de Bacchus aux Indes, trad. du grec de Nonnus, (par Boitet). *Paris*, 1625, *in*-8. *fig. dem. rel.*

22. Menandri et Philemonis reliquiæ, gr. et lat. cum not. J. Clerici. *Amst.* 1709, *in* 8. *v. j.*

cotterel.

Brunaud.

girod.

Cotterel avec deux volumes 17. y.

p.

p. manque les figures.

crozet. Mouillé, et sans figures. 21. y. l'époque.

girod.

p.
treuttel.
martin

p.
girond.

29 thor.

Le tellier
girond.
truchy

33. Cla.

saimon.
francart.

36. thor.
38. S. le 2d.

Cotteret.

23. Quintus Horatius Flaccus. *Birminghamiæ, J. Baskerville*, 1770, *in-4. fig. m. r.*

24. Q. Horatii Flacci Carmina, curavit J. J. Oberlinus. *Argentorati*, 1788, *gr. in-4. rel. en cart. non rogné, Pap. Vél.*

25. Les Métamorphoses d'Ovide, gravées par les soins de le Mire et Basan. *Paris, Basan, in-4. v. éc.*
Il n'y a que les figures sans texte.

26. P. Terentii Comœdiæ, italicis versibus redditæ, cum personarum figuris æri incisis, ex ms. codice vaticano. *Urbini*, 1736, *in-fol. en feuilles.*

27. P. Terentii Afri Comoediæ. *Birminghamiæ, J. Baskerville*, 1772, *in-4. v. j.*

28. P. Terentii Afri Comœdiæ. *Basileæ, J. Decker*, 1797, *gr. in-4. rel. en cart. non rogné. Pap. Vélin.*

29. Œuvres de Théâtre de d'Ancourt. *Paris*, 1760, 12 *vol. pet. in-12. rel.*

30. Proverbes dramatiques, (par Carmontel). *Paris*, 1783, 6 *vol. in-8. rel.*

31. Ali ou les Karégites, tragédie, par M. B. F. A. Fonvielle. *Paris*, 1811, *in-8. br. en cart. Pap. Vél.*

32. Choix de Chansons mises en musique, par de la Borde. *Paris*, 1773, 2 *vol. in-8. fig. v. éc.*

33. Lo Scherno degli Dei, poema piacevole di Franc. Bracciolini. *Firenze*, 1795, *in-12. br.*

34. Ricciardetto ammogliato, poema comico di Luigi Tadini. *Crema*, 1803, 2 *vol. in-12. br.*

35. Jo. Barclaii Argenis, cum clave. *Lugd. Bat. ex offi. Elzeviriana*, 1630, *in-12. v. f.*

36. L'Iphigene, par J. P. Camus, évêque de Belley. *Lyon*, 1625, 2 *vol. in-8. dem. rel.*

37. Le Cleoreste, par J. P. Camus, évêque de Belley. *Lyon*, 1626, 2 *vol. in-8. dem. rel.*

38. Joannis Clerici Ars critica. *Lipsiæ*, 1713, 3 *tom. en* 1 *vol. in-8. vélin.* = Jos. Scaligeri Epistolæ. *Lugd. Bat. Elzevirii*, 1627, *in-8. vélin.*

39. Amorum emblemata figuris æneis incisa, studio Othonis Væni. *Antuerp.* 1608, *in-4. obl. v. f. taché.*

40. Idea Vitæ Teresianæ iconibus symbolicis expressa. *Antuerpiæ, Jacobus Mesens, in-4. v. b.*

41. Symbolorum et Emblematum ex re herbaria desumptorum centuriæ quatuor, coll. a Joachimo Camerario. *Francofurti,* 1661, *in-4. fig. br. en cart. non rogné.*

42. Recueil de Pièces manuscrites sur un grand nombre de matières différentes. *Dans un portefeuille in-fol.*

43. Recueil de Lettres originales de divers Savans, tels que l'abbé Barthélemy, M. Seguier de Nismes, le P. Paciaudi, M. Galiani, le P. Panel, Jos. Khell, etc. adressées à M. Pellerin, avec le brouillon de ses réponses. *Dans un portefeuille in-4.*

44. Lettere del cardinal Bentivoglio, con note di G. Biagioli. *Parigi, P. Didot,* 1807, *in-12. br. en cart. Pap. Vél.*

45. Méthode pour étudier l'Histoire, par Lenglet du Fresnoy. *Paris,* 1772, 9 *vol. in-12. v. m.*

Les neuf premiers volumes. Les six qui manquent ne renferment que le catalogue des historiens.

46. Géographie ancienne, de l'encyclopédie méthodique, par M. Mentelle. *Paris,* 1787, 3 *vol. in-4. v. m.*

47. Géographie moderne, de l'encyclopédie méthodique. *Paris,* 1782, 3 *vol. in-4. v. m.*

48. Atlas encyclopédique par MM. Bonne et Desmarest. *Paris,* 1787, 2 *tom. en* 1 *vol. gr. in-4. v. éc.*

49. Antiquité géographique de l'Inde, par d'Anville. *Paris, impr. roy.* 1775, *in-4. rel. en cart. non rogné.*

50. Mémoires historiques et géographiques sur les

avec ovide ~~[illegible]~~ tome 7.

treuttel

tilliard.

serreano

saimon

43. C.

girord.

brunard.

cotterel.

po. 3 art.

francart

tilliard.

51. De.

Serreau.

francart.

payart.
1 double

La Bitte.

Sainson

girod.
pierre

cotterel.

tilliard.

pays situés entre la mer Noire et la mer Caspienne. *Paris*, 1797, *gr. in-4. fig. br.*

51. Voyage en Syrie et en Egypte, par M. Volney. *Paris*, 1787, 2 *vol. in-8. rel.*

52. Voyage pittoresque, ou Description des royaumes de Naples et de Sicile, (par Richard de Saint-Non). *Paris*, 1781, 2 *vol. in-fol. fig. cart. Les deux premiers volumes.*

53. Dion. Petavii rationarium temporum. *Paris.* 1703, 3 *vol. in-12. v. b.* = L'Antiquité des Temps rétablie et défendue, par Pezron. *Amst.* 1687, *in-12. v. b.*

54. L'Antiquité des Temps rétablie et défendue contre les Juifs, (par Paul Pezron). *Paris*, 1688, *in 12. v. b.*

55. La Chronologie des anciens Royaumes corrigée, trad. de l'anglais d'Is. Newton. *Paris*, 1728, *in-4. v. b.*

56. Défense de la Chronologie, fondée sur les monumens de l'histoire ancienne, contre le système chronol. de Newton, par Freret. *Paris*, 1758, *in-4. v. m.*

57. Chronologie et Histoire romaine. *In-4. manuscrit sur papier*, que l'on croit être de M. l'abbé Belley, membre de l'académie des inscriptions, mort en novembre 1771. Ce ne sont que des notes détachées sur des feuilles volantes.

58. Exercitationes duæ : prima de ætate Phalaridis; secunda de ætate Pythagoræ, ab H. Dodwello. *Londini*, 1704, *in-8. v. b. taché d'eau.*

59. Une liasse de Pièces manuscrites sur l'Histoire de différens pays de l'Europe. *In-fol.*

60. Histoire critique de Manichée et du Manichéisme, par de Beausobre. *Amst.* 1734, 2 *vol. in-4. bas.*

61. Histoire du Christianisme des Indes, par M. V. la Croze. *La Haye*, 1724, *in-8. fig. v. b.*

62. Censure des Livres de Frère P. Fr. le Courayer, chanoine de Sainte-Geneviève, intitulés : Dissertation sur la validité des ordinations des Anglais, par les cardinaux, etc. assemblés à Paris. *Paris*, 1727, *in*-4. *br*.

On y a joint une trentaine de lettres originales du Fr. le Courayer, datées de 1727, adressées à M. Prévot, bibliothécaire de Sainte-Geneviève.

63. J. Perizonii Ægyptiacæ origines et Babylonicæ. *Traj. ad Rhen*. 1736, 2 *vol. in*-8. *v. m.*

64. Christ. Noldii Historia Idumæa, seu de Vita et gestis Herodum diatribe. *Franequeræ*, 1660, *in*-12. *br. en cart. non rogné*. = J. G. Michaelis Observationes sacræ. *Traj. ad Rhen*. 1738, *in*-8. *br*.

65. Histoire d'Assyrie, (par M. Delisle de Sales). *Paris*, 1780, 2 *vol. in*-8. *br*.

66. Recherches et Dissertations sur Hérodote, par le P. Bouhier. *Dijon*, 1746, *in*-4. *br*.

67. Histoire grecque de Thucydide, accompagnée de la version latine, etc. et d'une traduction française, par J. B. Gail. *Paris*, 1807, 10 *vol. in*-4. *br. en* 8.

68. Histoire de l'empereur Jovien, et traduction de quelques ouvrages de l'emp. Julien, par de la Bleterie. *Paris*, 1776, *in*-12. *br*.

69. Pièces sur les anciennes villes de la Gaule, avec des inscriptions, etc. *Manuscrit in*-4. *sur papier*, que l'on croit être de M. l'abbé Belley, membre de l'académie des inscriptions, auteur des Eclaircissemens géographiques sur l'ancienne Gaule, impr. en 1741, *in*-12.

On y trouve des lettres adressées à M. l'abbé Ladvocat, à M. Mariette, etc.

70. De l'estat et succès des Affaires de France, par Bernard de Girard, seigneur du Haillan. *Paris*, 1572, *in*-4. *vélin vert*, *l. r.*

giron.

francart.

francart.

merlin

p.

p.

Cotterel.

Cotterel.

77. elle.

ai. pichard.

chardin

girod.

78. tal.

79. tal. treattel.

80. C.

71. Situation de la France et de l'Angleterre à la fin du XVIIIe siècle, par Fonvielle. *Paris*, 1800, 2 *vol. in*-8. *br.* = Résultats possibles de la Journée du 18 brumaire an VIII, par le même. *Paris, an VIII*, *in*-8. *br.*

72. Tableaux topographiques, pittoresques, etc. de la Suisse, (par J. B. de la Borde). *Paris*, 1780, *in-fol. fig. cart. Les deux premiers volumes.*

73. An impartial History of the life of Peter Alexowitz, czar of Muscovy. *London*, 1723, *in*-8. *v. j.*

74. De Veteribus Regum Francorum diplomatibus et arte secernendi antiqua diplomata vera a falsis, aut. B. Germon. Discept. secunda et tertia. *Paris*, 1706 *et* 1707, 2 *vol. in*-12. *br.*

75. Antiquités, mythologie, diplomatique des chartres et chronologie, de l'encyclopédie méthodique. *Paris*, 1786, 5 *vol. in*-4. *v. m.*

76. Sybillina oracula, gr. et lat. cum not. Joh. Opsopæi. *Paris*. 1599, *in*-8. *fig. bas.*

77. Joh. Nicolai libri IV de Sepulchris hebræorum. *Lugd. Bat.* 1706, *in*-4. *fig. v. b.*

78. Inscriptions diverses, notes sur les Marbres de la Bibliothèque du Roi, sur les langues, etc. *Manuscrit in*-4. que l'on croit de l'abbé Belley.

79. Dissertation sur les Magistrats de Smyrne, par Cary. *Manuscrit in*-4. = Lettre de l'abbé Ladvocat sur l'authenticité des versions grecques et hébraïques des livres de l'ancien et du nouveau Testament. *Manuscrit* original de l'auteur, signé par lui, et avec l'approbation de M. Dupuy, de l'acad. des inscriptions, et censeur royal.

80. Manuscrits divers de M. Pellerin, l'abbé Belley, et autres, sur les médailles. *Dans un portefeuille in-fol.*

81. Lettre de Jean Fréd. Wacker, concernant quelques médailles grecques rares et uniques, en allemand. *Dresde*, 1767, *in-4. br.*

On y a joint une traduction française très-bien écrite, dans laquelle se trouvent des observations de M. Pellerin.

82. Notes diverses, et Catalogues de Médailles grecques et romaines, etc. *Manuscrit sur papier, dans deux portefeuilles in-4.*

Ces notes sont presque toutes de la main de M. Pellerin.

83. Observations sur la durée de l'empire de Trajan, par l'abbé Belley, et autres pièces sur les médailles. *Manuscrit dans un portefeuille in-fol.*

84. Notes manuscrites de M. Pellerin, de M. le Blond et autres, sur différentes médailles. *Dans un portefeuille in-fol.*

85. Métrologie ou Tables pour servir à l'intelligence des poids et mesures des Anciens, par de Romé de l'Isle. *Paris*, 1789, *in-4. br.*

86. Recueil de Pièces sur la Bibliographie et les Bibliothèques, dont : Lettre du P. le Courayer sur un nouveau projet de Catalogue de Bibliothèque ; Memoria sulla tipografia piemontese del secolo xv, di Pavesio, etc. *Manuscrits sur papier in-fol. et in-4.*

87. Notices et extraits de Manuscrits en différentes Langues, et sur toutes sortes de matières, de la Bibliothèque impériale, de celles de Sainte-Geneviève, de Sorbonne, etc. *Dans un portefeuille in-*8.

Ces Notices sont toutes de la main de l'abbé de Saint-Léger, et paroissent très-curieuses.

88. Notices des Manuscrits de la Bibliothèque de Sainte-Geneviève et autres Bibliothèques, avec des notes de Mercier, abbé de Saint-Léger. *Manuscrit sur papier, dans un portefeuille in-4.*

81. C.

82. C.

treated 83. C.

84. C.

th-Leclerc -

87. C.

88. C.

89. Manuel bibliographique, ou Catalogue raisonné des Livres rares et singuliers. *Paris*, 1777, *in-4. br. en cart.*

Manuscrit original de M. Magné de Marolles, auteur du Traité de la Chasse au fusil, et de quelques ouvrages bibliographiques. Voyez le tome 4 du Dictionnaire des Anonymes de M. Barbier, page 277.

Ce Manuel ne renferme que les lettres A, B, C, et D.

FIN.

Les livres seront exposés dans l'ordre qui suit :

Première vacation, *mercredi* 16 *décembre* 1812.

Jurisprudence, les n^os	21 — 31
Sciences et Arts,	54 — 63
Belles-Lettres,	154 — 178
Théologie,	1 — 10
Histoire,	432 — 466

Seconde vacation, jeudi 17.

Sciences et Arts,	64 — 73
Théologie,	11 — 20
Jurisprudence,	32 — 42
Histoire,	467 — 501
Belles-Lettres,	179 — 203

Troisième vacation, vendredi 18.

Jurisprudence,	43 — 53
Sciences et Arts,	74 — 83
Belles-Lettres,	204 — 228
Histoire,	502 — 546

Quatrième vacation, samedi 19.

Sciences et Arts,	84 — 98
Belles-Lettres,	229 — 259
Histoire,	547 — 591

Cinquième vacation, lundi 21.

Belles-Lettres,	260 — 290
Sciences et Arts,	99 — 113
Histoire,	592 — 637

6933..65.

857..55. — *Sixième vacation, mardi 22 décembre.*

Sciences et Arts,	114 — 128
Histoire,	638 — 683
Belles-Lettres,	291 — 321

2183..20. — *Septième vacation, mercredi 23.*

Belles-Lettres,	322 — 352
Histoire,	684 — 729
Sciences et Arts,	129 — 143

513..85. — *Huitième vacation, jeudi 24.*

Sciences et Arts,	144 — 153
Belles-Lettres,	353 — 383
Histoire,	730 — 780

1935..70. — *Neuvième vacation, lundi 28.*

Histoire,	781 — 848
Belles-Lettres,	384 — 407

1394..90. — *Dixième vacation, mardi 29.*

Belles-Lettres,	408 — 431
Histoire,	849 — 916

13818..85.

Onzième vacation, mercredi 30. 881..65.

Supplément,	1 — 89

laloy. 4 vol. dont grammaire allemande, et dict.re
Rimon. – – – – – – – – – – – – – – 5.

cailleau 1 vol. grammaire de veneroni br. – – – – – – – 1.. 80.

girond. 5 vol 8.° dem. rel. dont l'astique, le roman d'albanie
le grand scipion &c. et 2 vol. in 12 dont methode
du blason, et maniere de distiller – – – – – – – – 2.. 65.

p. 4 vol. la fontaine stereotype, joseph, &c. – – – – – – 3.. 50.
1 vol decade paris vascosan. m.v. – – – – – – – 8. D.

girond. 2 vol heures paris sim. ventre b.r et le pedagogue chretien,
b. v. m. gaté – – – – – – – – – – – – – – 1.. 80.

22... 75.

brunard. oricus christ. le tome 1.er et 1 vol ephemerides – – – 2.. 65.

www.ingramcontent.com/pod-product-compliance
Ingram Content Group UK Ltd.
Pitfield, Milton Keynes, MK11 3LW, UK
UKHW021050230726
13926UKWH00004B/1767

9 782014 109542